고전 천문역법 정해
古典 天文曆法 精解

· 김동석(金東錫) 지음 ·

ksi 한국학술정보㈜

고전 천문역법 정해
古典 天文曆法 精解

앙부일구(仰釜日晷)

표지의 사진 '앙부일구(仰釜日晷)'에 대하여

◦ 표지 사진 '앙부일구'의 출처 : 『서울의 문화재』 제5권,
  서울특별시사편찬위원회, 2003, 181쪽.
◦ 종목 : 보물 제845호.
◦ 명칭 : 앙부일구(仰釜日晷)
◦ 수량 : 대·소의 2기(器). 본 표지의 사진은 이 가운데 큰 것임.
◦ 보물 지정연월일 : 1985년 8월 9일.
◦ 제작 시대 : 조선시대.
◦ 규모·양식 : 2기 중 큰 것은 지름이 35.2㎝이고 높이가 14㎝로서 17세
  기 후반에 제작된 것이고, 작은 것은 지름이 24.3㎝로서 18세기 전반에
  제작된 것임. 본 표지 사진은 전자의 것임.
◦ 재료 : 청동.
◦ 소유자 : 국유.
◦ 소재지 : 국립고궁박물관.

　앙부일구(仰釜日晷)는 당초 세종 16년(1434)에 장영실(蔣英實)·
이천(李蕆)·김조(金銚) 등이 만들었던 해시계의 일종으로, 시계
판이 가마솥과 같이 오목한데다 그 솥이 하늘을 우러러 쳐다보
고 있다고 해서 이런 이름을 붙였다. 이를 오목해시계라고도 이
른다. 해시계는 막대나 영침(影針)의 그림자의 위치로써 진태양
시(眞太陽時)를 측정하는 장치인데, 오목해시계, 평면해시계, 벽
해시계 등의 종류가 있다.

　보물 제845호의 큰 앙부일구는 반구형으로 만들어져 있는데,
해 그림자를 만들어주는 영침(影針)이 반구의 정남극 부분에 뿌
리를 두고 천구의 정북극을 향하여 솟아올라서 그 끝이 반구면의

중심에 위치하고 있다. 앙부일구를 앉혀놓을 때는 물론 영침의 방향이 천구의 정북극을 향하게 되고 앙부일구의 평면이 수평이 되게 된다. 그리고 오목한 시계판에 가로선 13줄과 세로선 약 50 줄을 그었는데, 가로선은 24절기를 나타내는 절후선(節候線)이고 세로선은 1각 [15분] 단위를 나타내는 시각선(時刻線)이다.

동쪽에서 떠서 서쪽으로 지는 해의 그림자가 이 시계판 위에 드리워져 진태양(眞太陽)이 가리키는 절후와 시각을 한꺼번에 나타내 보여준다. 시계판에 비친 해의 그림자를 읽음으로써 태양이 천구상에서 매일 운행하는 일주운동(日周運動)의 위치와 황도를 따라 1년 단위로 운행하는 연주운동(年周運動)의 위치를 동시에 파악할 수 있는 것이다. 다만 시각의 경우 앙부일구는 진태양시를 나타내주는 반면, 오늘날 우리가 사용하는 실제의 시계는 평균태양시(平均太陽時)와 표준시(標準時)를 따르고 있기 때문에 양자 사이에는 약간의 시간 차이가 있을 수밖에 없다. 이 사진상의 영침 그림자는 어느 해의 3월 11일경 [경칩 후 5일 경=춘분 전 10일경] 또는 10월 3일경 [추분 후 10일경=한로 전 5일경]의 오전 10시 57분 전후를 가리키고 있다.

세종 시대의 앙부일구는 임진왜란 때 유실되는 바람에 전해지지 않았다. 지금 보물 제845호로 지정되어 있는 앙부일구 2기는 18세기 전후에 제작된 것이다. 이들 2기 중 큰 앙부일구의 솥전에는 '한양(漢陽)의 북극고도(北極高度) 37도 20분'이라는 명문이, 작은 앙부일구에는 '한양의 북극고도 37도 39분15초'이라는 명문이 각각 새겨져 있다. 한양의 북극고도를 37도 39분15초로 확정한 것이 1713년의 일이므로, 큰 앙부일구는 17세기 후반에 제작된 것으로 보고 작은 앙부일구는 1713년 이후에 제작된 것으로 본다. '북극고도'란 지구 적도 이북의 어느 지점에서 관측한 북극의 지평선 위의 높이를 각도로 나타낸 것으로서, 오늘날 지구의 북위(北緯)와 같은 값이다. '한양의 북극고도 37도 20분'이라 함은 당시 당해 앙부일구의 설치 지점인 서울의 어느 지점의 위도를 북위 37도 20분으로 파악한 것인데, 현재 서울 시청 기준의 위도는 북위 37도 33분 59초이다. 북극고도의 값을 적어 넣은 이유는 당해 앙부일구의 사용 적정 지점, 곧 사용 적합한 지구의 위도를 제시해주기 위해서이다. [예컨대 적도 지방의 경우 북극고도가 0도이면서 해그림자의 길이가 0㎝가 되고, 북극 지방의 경우 북극고도가 90도이면서 해그림자의 길이가 무한대가 되므로, 이들 두 지방에서는 아예 해시계를 사용할 수가 없다.] 큰 앙부일구는 창덕궁(昌德宮)이나 창경궁(昌慶宮)에 설치했던 것으로 보인다.

보물 제845호로 지정된 2기의 앙부일구는 조선시대의 대표적인 해시계이며, 과학 문화재로서도 가치가 큰 유물이다.

2008. 10. 20. 저자 김동석 근지.

참고 문헌

이은성, 『역법의 원리분석』, 정음사, 1985, 51−58쪽.

『서울의 문화재』 제5권, 서울특별시사편찬위원회, 2003, 180−181쪽.

『한국민족문화대백과사전』14, 한국정신문화연구원, 1996(제11쇄). 594−595쪽.

문화재청홈페이지(http://www.cha.go.kr/korea/heritage/search/Culresult_Db_View.jsp?VdkVgwKey=12,08450000,11)

자서(自序)

약 20여 년 전에 어떤 친구가 말하기를 "옛날 어떤 사람은 『서경(書經)』 '기삼백(朞三百)'을 연구해서 스스로 달력을 만들었다." 하였다. 그 말에 자극을 받아 '기삼백'과 그 주석을 읽어 보았으나 도저히 이해할 수 없었으므로 금방 공부를 포기하고 말았다. 그러다가 7,8년 전에는 업무와 관련하여 '기삼백'을 읽지 않을 수 없었다. 그런데 역시 그 내용이 어려울 뿐만 아니라 오・탈자마저 심하게 있었으므로 도무지 글을 읽어 내려갈 수가 없었고 각종 수치의 계산도 맞아떨어지지 않았다. 그 책은 전사(轉寫)하는 과정에서 오・탈자가 많이 발생한 판본이었는데, 당시 그 오류를 바로잡는 일이 필자에게 맡겨졌던 것이다. 이에 천문현상 및 천문역법에 관한 기초 공부부터 차근차근 해야 할 필요성을 절감하게 되었으며, 현대 천문학 및 고대 천문역법에 관한 서적들, '기삼백'에 대한 각종 주석・해설 등을 나름대로 탐독하게 되었다. 이 책은 그 결과물이다.

동양의 고전을 읽다가 보면 그 표현이 애매모호하여 정확한 의미를 짚어 내기 어려울 때가 많다. 『서경』 '기삼백'과 그 주석도 마찬가지이다. 예컨대 "해는 하늘에 붙어 있는데, …… 하늘과 만난다.[日麗天而……與天會]"라든지, "달은 하늘에 붙어 있는데,

…… 하늘에 미치지 못하는 도수가 13도……이다.[月麗天而……不及天十三度……]"라는 등의 말에서, 복잡한 분수의 계산은 고사하고 '하늘[天]'이라는 말의 의미부터가 불분명하여 금방 머리를 흔들게 된다. 해가 '하늘'과 만난다고? …… 달이 '하늘'에 미치지 못한다고? …… 여기에서는 '항성천'을 의미하는 '하늘[天]'의 개념을 모르고는 그 내용을 이해할 수가 없는데, 그 개념에 대한 설명이 『서경』은 물론, 자전이나 사전 등의 어디에도 보이지 않는다. 옛날 사람들도 그 개념이나 관념이 머릿속에는 들어 있었음이 틀림없는데, 그것을 구체적으로 또는 명확하게 표현해 놓지 않았던 것이다. 오늘날 사람들의 입장에서 보면 불친절하기 짝이 없는 처사이지만, 우리는 이러한 점을 십분 이해하고 고전을 대할 필요가 있다.

　이 책을 집필하는 과정에서 천문학자가 아닌 일반인으로서는 결코 달력(태음태양력)을 만들 수 없다는 사실을 깨닫게 되었다. 그러나 일반인이라 할지라도, 더구나 고전에 관심이 있는 사람의 경우에는, 고대 천문학과 역법의 기본 원리, 역법의 발전 과정 등을 이해해 두는 것도 일상 생활이나 학문 연구에 보탬이 없지는 않을 것이다. 서양의 문물이 들어온 이래 우리는 주로 태양력을 사용하고 있지만 오늘날에도 여전히 음력(태음태양력)을 함께 사용하고 있으며, 경제의 발전과 더불어 고전의 이해에 대한 수요도 나날이 늘어 가고 있기 때문이다. 이에 이 책이 여러 가지로 미비한 저술임에도 불구하고 용기를 내어 이를 출판에 붙이기로 하였다.

　아무쪼록 이 책이 천문역법이나 고전을 공부하는 사람들에게 약간이나마 도움이 되기를 바라며, 내용상 미흡한 점, 잘못된 점에 대해서는 대방가의 기탄없는 질정이 있기를 바라마지 않는다.

　특히 이 지면을 빌려, 졸고를 정밀하게 검토하시고 자상한 가르침을 주신 이시우(李時雨) 박사님께 심심한 감사의 말씀을 드린다.

2009. 8.

무연실(無煙室) 주인 김동석(金東錫) 근지(謹識).

〈차   례〉

1. 서언(緒言)

　"하루가 지났다"는 말을 좀 더 과학적으로 표현하면 "지구가 제 스스로 한 바퀴 돌았다." 또는 "지구가 한 번 자전(自轉)하였다."는 정도가 될 것이다. 그런데 과학이 발달되기 이전의 옛날 사람들은 천동설(天動說)에 입각하여, '지구는 움직이지 않고, 지구를 중심으로 하늘이 하루에 한 바퀴씩 돌며, 하늘에 있는 해·달·별 등도 하늘과 함께 따라서 돈다'고 생각하였다.

　오늘날의 상식으로 보면, '하루'는 평균태양에 대한 '지구의 자전 주기(週期)'이고, '1년'은 '지구의 공전(公轉) 주기'이며, '음력 한 달'은 '달의 삭망(朔望) 주기'이다. 지구와 달의 천체 운동은 매우 규칙적이고, 모든 사람들이 쉽게 관측할 수 있으며, 또 그 주기는 어느 누구도 임의로 변경할 수 없다는 특징이 있다. 그리하여 이들의 주기적인 운행은 예로부터 시간 단위를 구분하여 정하는 데 사용되어 왔으며, 그 주기의 구분 방법이 바로 역법(曆法)이다.

　그런데 지구의 공전 주기와 달의 삭망 주기는 1일의 정배수가 아니어서 상호간의 관계가 계산상으로 쉽사리 해결되지 않

는다. 게다가 옛 동양의 문헌에 보이는 천문학상의 술어나 표현
들은 근현대의 천문학에 익숙한 오늘날의 사람들에게는 마냥
생소하여 얼른 이해되지도 않는다.

　여기에서는 『서경(書經)·요전(堯典)』의 "기삼백(朞三百)" 즉 "1
년은 366일이다.[朞三百有六旬有六日]"라는 구절에 딸린 '채침(蔡
沈)의 주석(注釋)'－이하 '「채전(蔡傳)」'이라 한다. 채침의 주석은 곧 주
자(朱子)의 주석으로 간주된다. 채침이 주석한 『서경』의 정식 명칭은 『서경집전
(書經集傳)』이다.－을 쉽게 이해하도록 하는 데에 초점을 맞추고,
고대로부터 오늘날까지 누적되어온 천문학 지식을 수합하여 알
기 쉽게 정리해 보기로 한다. 이를 위해 우선 천체(天體)가 어떻
게 운행되는지를 하늘·해·달의 순으로 살펴보겠다. 하늘의 움
직임은 곧 별[恒星]의 움직임이라 할 수 있겠는데, 별이 움직이
고 해가 움직이는 것은 결국 지구의 자전과 공전에 의한 천체
의 겉보기 운동으로 나타나 보이는 현상들이다. 별·해·달의
주기적인 겉보기 운동이 대강 파악되고 나면 역법에 대한 이해
도 아주 쉬워지게 된다.

　동양에서 전통적으로 써 오고 있는 음력의 역법은 오늘날 우
리가 쓰는 태양력에 비해서 매우 복잡하다. 음력의 경우 '윤달'
을 넣는 방법이 복잡·정교한 것은 고사하고, 달(moon)의 합삭
(合朔) 시각과 24절기(節氣)의 입기(入氣) 시각 등을 정확히 파악
또는 계산하기가 곤란하기 때문에 '달(month)의 대·소'와 '달의
이름'조차도 확정할 수가 없는 것이다. 이 음력－정확히 말하자면
태음태양력이다.－을 만드는 일은 주로 해·달의 운행을 정밀히 관
측하고 그 운행 주기를 정확히 계산해 내는 일을 전문으로 하
는 천문학자의 소관이다. 그러나 그 원리를 개략적으로 알아 보

는 것도 우리의 고전을 이해하는 데에는 물론, 일반교양을 쌓는 데에도 의미가 없지는 않을 것이다. 여기에서는 동양 전래의 역법에 관한 기본적인 원리를 소개하는 데 역점을 두었다.

이 책에서 1태양년(太陽年)·1삭망월(朔望月)·1절월(節月) 등의 길이에 적용한 각종의 수치-천문 상수(天文常數)-에 대해서는, 「채전(蔡傳)」이나 사분력(四分曆)의 내용을 다룸에는 그 당시의 옛날 값을 사용하였으나, 일반적인 원리의 서술에서는 오늘날의 값을 사용하였음을 미리 밝혀 둔다.

2. 천체(天體)의 움직임

1) 하늘[天]의 움직임

하늘[天]의 움직임에 대하여 「채전(蔡傳)」에서는 다음과 같이 간단하게 기술하고 있다.

"하늘은 형체가 지극히 둥근데, 그 둘레가 $365\frac{1}{4}$도(度)이다. 그것은 땅을 둘러싼 채 왼쪽으로 돌되, 늘 하루에 한 바퀴를 돌고 (태양에 비하여) 1도를 지나친다." [1]

「채전」은 천문학의 기초라고 할 수 있는 '천(天)의 움직임'에 대해 너무 소략하게 기술하고 만 느낌이 없지 않다. 아래에서는 위 「채전」의 의미를 몇 개의 항으로 나누어 상설(詳說)하기로 한다.

---

1)　『書經大全·堯典』「蔡傳」: "天體至圓, 周圍三百六十五度四分度之一. 繞地左旋, 常一日一周而過一度."

(1) "하늘은 둥글다." (「채전(蔡傳)」)

「채전」에서는 "하늘은 형체가 지극히 둥글다.[天體至圓]"[2]고
하였다. '지극히 둥글다' 함은 '완전한 구(球)'의 형태를 의미한
다 하겠다. 이는 하늘이 '공의 면[球面]'처럼 땅[地]을 중심으로
둥글게 생겼다는 생각이다. 공의 껍데기같이 생긴 '둥근 하늘'은
오늘날의 천문학에서 쓰는 무한한 크기의 '천구(天球, celestial
sphere)'라는 말과 같다.

옛날 사람들은 대개 '하늘은 공처럼 둥글고 땅은 네모난 평면
체이다[天圓地方]'라고 생각하였는데, '하늘이 공처럼 둥글다'는
것은 오늘날의 천문학적 관념과도 통한다. 현대의 구면천문학
(球面天文學)에서도 지구를 중심으로 한, 반지름이 무한대인 천
구를 상정(想定)하고, 이에 대한 천구 좌표계(座標系)로써 천체
의 위치를 표시한다.

옛날 사람들은 어찌해서 '하늘이 둥글다'고 생각하였을까? 밤
하늘을 쳐다보면 북극성의 주위를 도는 주극성(週極星)들은 동
심원(同心圓)을 그리면서 하늘을 맴돈다. 또 하늘의 한가운데 즉
천구적도(天球赤道, celestial equator)[3] 부근에 있는 별들은 동쪽
지평선에서 서쪽 지평선으로 커다란 반원(半圓)을 그리면서 하
늘을 가로질러 돈다. 아마도 이와 같이 원을 그리는 별들의 일
주운동(日周運動)을 보고 '하늘이 둥글다'고 생각하게 되었을 것
이다.

---

2) 『書經大全・堯典』「蔡傳」: "天體至圓."
3) 천구적도(天球赤道, celestial equator)란 지구의 적도면이 무한히 먼 하
    늘의 천구면에 연장되어 투영된 것이다.

<삽화 1. 천구도>

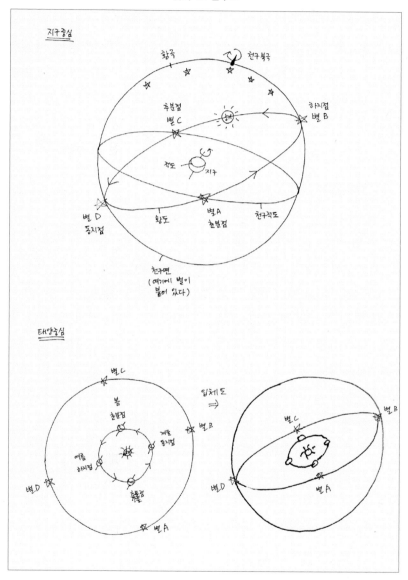

그러나 이와 같은 별의 일주운동은 지구의 자전으로 인해 우리의 눈에 겉보기로 나타나 보이는 시운동(視運動) 현상이다. 오늘날 지구의 자전과 공전을 알고 있는 우리에게 하늘은 광대무변한 우주 공간에 지나지 않는다. 즉 지구가 자전하면서 공전한다고 생각하는 한 우리의 육안에 보이는 하늘은 이미 둥근 것도 아니고, 움직이는 것도 아니다.

(2) "하늘이 돈다." (「채전(蔡傳)」)

하늘의 해[日]·달[月]·별[星] 등은 모두 우리의 눈으로 보기에 천구상을 매일 약 1회씩 회전하고 있는데, 이러한 현상을 '일주운동(日周運動)'이라 이른다. 천구상에서 해와 달은 날마다 그 위치를 조금씩 바꾸면서 회전하지만, 별들은 거의 언제나 제각각 제자리를 지키면서 회전한다. ─실제로는 별들도 제각각 고유운동(固有運動)을 하고 있다.─ 따라서 옛날 사람들은 대개 이러한 별들의 일주운동에 착안하여 "하늘이 돈다."고 생각하였을 것이다. 또 동쪽에서 서쪽으로 도는 별들은 북극성을 향해 서서 보면 오른 쪽에서 왼쪽으로 도는 것으로 여겨진다. 그러므로 하늘이 "땅을 둘러싼 채 왼쪽으로 돈다.[左旋]"고 하였다.[4] 천구(天球)를 위에서 내려다볼 경우 이는 '시계바늘 방향'으로 도는 것이 된다. ─단, 북극성을 향해 서서 육안으로 쳐다보는 하늘에서는 '시계바늘 반대 방향'으로 돈다고 말하게 된다.─[5]

---

4) 『書經大全·堯典』「蔡傳」: "天體至圓 …… 繞地左旋."
5) 천체의 회전 방향을 말할 때는 반드시 기준점을 제시하여야 하는데, 고대의 천문학에서는 이를 명확히 하지 않는 경향이 있는 듯하다. 오늘날

그러나 "하늘이 돈다."는 일주운동은 오늘날의 천문학 상식으로 보면 역시 '지구의 자전' 현상에 불과한 것이다. 즉 지구가 제 스스로 하루에 한 바퀴씩 반시계방향으로—서쪽에서 동쪽으로—자전함에 따라 해·달·별들이 하늘을 시계방향으로—동쪽에서 서쪽으로— 매일 한 바퀴씩 도는 것으로 보이는 시운동을 하는 것이다.

또 하늘에 있는 무수한 별들은 각각 별자리를 유지하면서 1년을 통해 하늘을 한 바퀴씩 도는 회전운동을 하고 있는데, 이를 '연주운동(年周運動)'이라 한다. 즉 하늘은 하루에 한 번씩 일주운동을 하는 동시에 1년에 걸쳐 한 번씩 시계방향으로—동쪽에서 서쪽으로— 연주운동도 하고 있다.6) 옛날 사람들에게는 이러한 현상 역시 '하늘이 돈다'고 보이는 명백한 증거였을 것이다.

그러나 오늘날의 우리들에게는 이 연주운동도 역시 실제로 별이 움직이고 하늘이 도는 것이 아니라, 지구가 자신의 공전궤도를 1년에 걸쳐 반시계방향으로—서쪽에서 동쪽으로— 한 바퀴 공전하는 결과 그렇게 보인 데에 불과할 뿐이다.

과연 하늘[천구]이 움직이는 것인지 아니면 지구가 도는 것인지 하는 문제는 별의 움직임을 관찰하는 것만으로는 판정할 수

의 천문학에서는 천체의 회전 방향을 말할 때 보통 "지구가 서쪽에서 동쪽으로 자전한다"는 사실을 기준으로 삼는다. 천(天)의 북극에서 내려다보면 지구의 자전 방향은 시계의 회전 방향과 반대 방향(반시계방향)이다. 지상의 관측자를 중심으로 천체의 겉보기 운동 방향을 결정할 때는 북반구의 관측자가 천의 북극(북극성)을 바라볼 때 오른쪽이 동쪽이고 왼쪽이 서쪽이 된다.

6) 하늘의 별들은 매일 하늘을 한 바퀴씩 돌고 다시 더 서쪽 하늘로—시계방향으로— 조금씩 이동하여, 한 달에 30도씩, 한 철에 90도씩 이동하는 식으로 1년 만에 360도를 돌고 원래의 위치로 복귀한다.

가 없다. 옛날 사람들은 땅이 돈다고는 결코 생각하지 않았기 때문에 하늘이 돈다고 생각하고 말았다. 오늘날 우리가 보기에도 확실히 하늘이 돌고 있다. 하늘이 돈다는 증거는 쉽게 확인할 수 있는 반면, 땅이 돈다는 증거는 쉽게 포착할 수 없기 때문이다. 천체망원경으로 꾸준히 하늘을 관측하고 분석해 보지 못한 우리들로서는 단지 머릿속으로만 지구가 돌고 있다고 믿는 것이다.

이처럼 동일한 한 가지 현상을 두고도 보는 사람의 입장에 따라 '하늘이 돈다'거나 '땅이 돈다'고 하는 정반대의 견해가 생길 수 있다. 그러나 땅이 돌든지 하늘이 돌든지 천체의 관측 결과에는 큰 차이가 없다.

(3) 하늘이란 무엇인가?
― 하늘의 표상은 항성(恒星, fixed star)이다.

아무튼 하늘이 돈다고 여기든지 땅 또는 지구가 돈다고 여기든지 간에, 우리의 눈에 보이는 천체의 운동은 거의 동일하다. 그런데 이 자리에서 한 가지 짚고 넘어갈 문제가 있다. 그것은 '하늘[天]'의 개념인데, 대개 '하늘'이라고 하면 해와 달이 떠 있는 '천공(天空)'이나 별 곧 항성(恒星)이 투영되어 보이는 '천구(天球)'를 생각해 볼 수 있다. 그러나 천문학에서 거론하는 '진정한 하늘'은 바로 별이 투영되어 보이는 '천구(天球)'이며, 이를 항성천(恒星天)이라 이른다. 여기에서 천구의 표상은 바로 항성(恒星)이라고 할 수 있으므로, '하늘'이란 바로 '항성천'을 이르는 말이라고 할 수 있으며 경우에 따라서는 '항성' 그 자체를 가리키는 말이라고 할 수도 있게 된다.

「채전(蔡傳)」에서는 이 '항성천'을 뜻하는 하늘을 그냥 '천(天)' 이라는 말로 표현하고 있다. 물론 '항성천'이라는 용어는 서양의 천문학이 들어온 명대(明代) 이후부터 쓰이기 시작한 말이지만, 그 이전이라 하여 그러한 관념이나 개념마저 없었던 것은 아니라고 생각된다. 왜냐하면 '천구(天球)・천구면(天球面)・항성천'과 같은 개념을 부정한다면 천문학의 존립 기반 자체가 사라질 것이기 때문이다. 실제 「채전」기타 여러 옛날 전적(典籍)에서 천문・역법에 관한 내용을 설명하면서 쓰는 '천(天)'이라는 말의 뜻은 '천구'나 '천구면', '항성천' 또는 '항성'으로 보지 않고는 합리적인 해석이 불가능한 경우가 많다. 「채전」에 나오는 "하늘은 형체가 지극히 둥글다.[天體至圓]"의 '하늘[天]'은 '천구면' 또는 '항성천'의 의미로 쓰인 것으로 보아야 할 것이다. 원문의 '천체(天體)'를 오늘날의 관점에서 하나의 단어로 여겨서 '태양계 또는 우주 공간에 있는 개개의 행성이나 별[항성], 또는 그 총칭'이라는 식으로 보아서는 아니 되는 것이다. 또 "해는 하늘에 붙어 있는데 조금 느리다.[日麗天而少遲]"라든지 "달은 하늘에 붙어 있는데 더욱 느리다.[月麗天而尤遲]"라는 구절 가운데의 '하늘[天]'이라는 말도 역시 개념상으로는 '천구(天球)' 또는 '항성천'으로 볼 수밖에 없는 것이라 하겠다. "해가 하늘과 만난다.[日與天會]", "달이 하늘과 만난다[月與天會]", "(달은) 하루에 언제나 하늘에 미치지 못하는 정도가 $13\frac{7}{19}$도이다.[(月)一日常不及天十三度十九分度之七]"라는 등의 구절에서 말하는 '하늘[天]'도 역시 항성천을 두고 이르는 말인데, '항성천'의 표지는 바로 '항성'이므로 여기에서의 '하늘[天]'은 곧 '항성'을 지칭하는 것이라고 할 수 있게된다.

알다시피 '행성(行星, planet)'은 태양의 주위를 도는, 수성(水星)・금성(金星)・지구(地球)・화성(火星)・목성(木星)・토성(土星)・천왕성(天王星)・해왕성(海王星)・명왕성(冥王星) 등과 같은 천체들로서 스스로 빛을 내지 못한다. 이에 비해 '항성(恒星, fixed star)'은 태양처럼 스스로 빛을 내는 천체들로서 먼 거리에 떨어져 있음으로 인해 그 위치가 상대적으로 고정되어 있는 것처럼 보이는 별들이다. ─옛날 사람들은 이를 '경성(經星)'이라 일렀다. 태양도 물론 항성에 속하지만, 여기에서는 태양계 밖의 항성만이 논의의 대상이다. ─ 해・달・행성이 천구상에서 위치를 바꾸어 가며 회전하고 각각 다른 운행 주기(週期)를 갖고 있음에 대해, 항성은 위치를 크게 바꾸는 일이 없이 각각 제자리를 지키며 별자리를 형성한 채 일체적으로 회전하고 모두 똑같은 운행 주기를 갖는다. ─물론 항성도 그 자체의 고유운동과 지축의 세차운동으로 인해 위치가 조금씩 바뀌지만, 여기에서는 이를 문제 삼지 않는다. ─ 밤하늘에 보이는 무수한 별들은, ─육안으로 보이는 것이 약 6,000개라고 한다. ─ 몇몇 행성들을 제외하고, 모두가 이러한 항성이다. 이들 항성은 지구로부터 너무나도 먼 거리에 떨어져 있기 때문에 거리를 따지는 것은 아무런 의미가 없다. 단지 그들이 위치한 방향만이 문제될 뿐이다.[7] 그들

---

7) 광속으로 지구에서 태양까지가 8분여의 거리임에 비해, 가장 가까운 항성[半人馬座의 α星, Alpha Centauri]이라 할지라도 그 거리가 4.3 광년이나 된다. 항성은 대개 수십 광년에서 수천 광년, 또는 수백만 광년의 거리에 있다. 또 항성이 위치한 방향의 차이는 주로 미세한 초(秒, ") 단위를 써서 나타낸다.

은 먼 거리에 떨어져 있음으로 인해, 지구의 공전궤도상에서는
말할 것도 없고, 태양계의 어디에서 바라보더라도 그 위치가 지
구에서 바라보는 것과 거의 다르지 않다. 따라서 '항성'이란 곧
'무한대로 먼 하늘의 끝에 딱 붙어서 하늘의 천구면과 일체를
이루는 물체' 또는 '천구면(天球面)에 달라붙어서 고정되어 있는
별'이라고 이해하면 별 무리가 없을 것이다. 이렇게 보면 '항성'
은 바로 '하늘의 표상'이요, '하늘 그 자체'라고 할 수 있게 된
다. 또 동양의 고대 천문학에서 쓰는 '하늘[天]'이라는 말은 경
우에 따라 '항성'이라는 말로 대체할 수도 있게 된다. 여기에서
"하늘[天]=천구(天球)=항성천(恒星天)=항성(恒星)"이라는 등식
이 성립되는 것이다. 이렇게 이해하고 나면 태양이나 달의 운행
을 관찰·설명하는 문제에 쉽게 접근할 수 있다.

위와 같이 항성은 천구면에 고정되어 있으면서 위치를 바꾸지
않으므로, 임의의 어느 항성은 우리가 태양이나 지구, 또는 달·
행성 등의 운행을 관찰할 때 늘 기준점 구실을 하게 되는 것이
다. 이 점에서 항성의 존재는 우리에게 각별한 의미가 있다.

임의의 항성 하나만을 관찰할 경우, 그 항성이 매일 시계방향
으로―서쪽으로― 1도씩 이동하여 하늘을 한 바퀴 주천(周天)하고
다시 그 자리에 나타나면 약 365일이 되는 것이다.―항성의 연주운
동(年周運動)이다.― 또 모든 항성이 똑같이 하루에 1도씩 서쪽으로
이동하므로, 우리는 해마다 같은 날짜, 같은 시각에 일정한 장
소에서 동일한 별과 별자리를 보게 된다. 또한 이에 따라 계절
마다 별자리도 조금씩 일정하게 바뀌게 되는 것도 알 수 있다.

빛의 속도는 1초당 약 30만㎞이고, 1광년은 9조 4600억㎞의 거리이다.
천구상에서 각도를 나타내는 1초는 3600분의 1도이다.

예컨대 매일 일정한 시각에 일정한 장소에서 임의의 'A'라는 별이나 별자리를 관찰한 결과 그것이 봄에 동쪽 하늘에 있었다면, 여름에는 중천에 있게 되고 가을에는 서쪽 하늘에 있게 되며, 겨울에는 보이지 않게 된다. 그리하여 하루가 지났다는 판단 기준이 태양의 출몰이듯이, 1년이란 세월이 흘렀다는 판단 기준은 항성의 1주천(周天)이 되는 것이다. 그러나 이 역시 실제로 별[恒星]이 움직인 것이 아니라 지구가 공전하기 때문에 나타나 보이는 현상임은 물론이다. 즉 지구가 자신의 공전궤도를 1도씩 반시계방향으로 - 동쪽으로 - 나아감에 따라 항성이 1도씩 시계방향으로 - 서쪽으로 - 옮겨 간 것으로 보이고, - 항성의 시운동(視運動)이다. - 지구가 공전궤도를 한 바퀴 돎에 따라 항성이 1주천 한 것으로 보이는 것이다. (<그림 1> 참조)

'항성'이 무한대의 먼 거리에 있는 별이므로, 하늘을 뜻하는 '천구(天球)'도 '반지름이 무한대인 공[球]'이라고 할 수 있다.

<그림 1> 항성의 위치와 지구의 공전

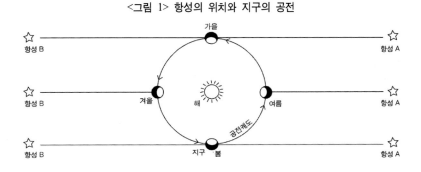

* 항성 'A'와 'B'는 각각 지구의 공전궤도 지름에 비해 아주 멀리 떨어져 있기 때문에 언제나 동일한 방향에 고정되어 위치하고 있는 것처럼 보인다. 마치 밤하늘의 달이 우리가 움직이는 대로 이웃 마

을까지 따라와서 동일한 방향에 있는 것으로 보이듯이, 항성도 지
구가 움직이는 대로 공전궤도의 반대편까지 따라와서 동일한 방향
에 있는 것으로 보이는 것이다. 이는 달이나 항성이 모두 지구로부
터 멀리 떨어져 있기 때문에 시차(視差)가 매우 작기 때문이다.—
예컨대 지구로부터 4.3광년 떨어져 있는 가장 가까운 항성이라 할지라도
지구 공전궤도의 지름 양쪽 끝에서 바라본 시차가 겨우 1.5초밖에 되지 않
는다. 지구에서 태양까지의 거리가 1억 4959만 7870㎞이므로, 지구 공전궤
도의 지름은 약 3억㎞가 된다.—

* 지구가 공전궤도상을 이동함에 따라 항성은 태양과의 각도를 벌린
다. 그 결과 사실상 위치의 변동이 없는 항성 'A'가 봄에는 동쪽
하늘에, 여름에는 남쪽 하늘에, 가을에는 서쪽 하늘에 각각 이동해
있는 것으로 보이고, 겨울에는 보이지 않게 된다. 또 항성 'B'가
봄에는 서쪽 하늘에, 가을에는 동쪽 하늘에, 겨울에는 남쪽 하늘에
각각 이동해 있는 것으로 보이고, 여름에는 보이지 않게 된다. 항
성 'A'와 'B'가 다시 동쪽 하늘과 서쪽 하늘에 각각 나타나면, 봄
이 되고 1년이 된 것이다. 이는 지구가 자신의 공전궤도를 한 번
일주하였음을 뜻한다.

(4) 하늘의 도수 — "하늘의 둘레[周天度數]는 $365\frac{1}{4}$도이다."
　　(「채전(蔡傳)」)

하늘의 둘레, 즉 주천도수에 대해 「채전」은

"하늘은 …… 그 둘레가 $365\frac{1}{4}$도(度)이다." [8]

---

8) 『書經大全・堯典』「蔡傳」: "天體至圓, 周圍三百六十五度四分度之一."

<삽화 2. 남산 위의 개미 한 마리>

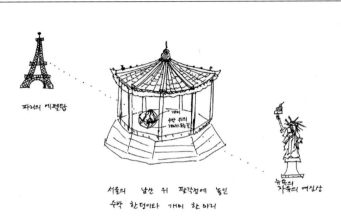

자러의 에펠탑

서울의 남산 위 팔각정에 놓인
수박 한덩이와 개미 한 마리

뉴욕의
자유의 여신상

① 개미는 수박 위의 어디를 돌아다니더라도, 에펠탑이 위치한 방향은 여전히 서쪽이고 자유의 여신상이 위치한 방향은 여전히 동쪽이다. 이는 에펠탑과 자유의 여신상이 서울의 남산으로부터 거리 상 워낙 멀리 떨어져 있기 때문에 남산에서 볼 때 '시차(視差)'가 거의 생기지 않기 때문입니다. 다시 말해, 수박의 남쪽 면과 북쪽 면이 물풍을 사이에 두고 만드는 각도 - 시차(視差) - 가 자유히 미미하기 때문이다.

② 수박으로부터 멀리 떨어져 있는 에펠탑과 자유의 여신상은 지구로부터 멀리 떨어져 있는 항성(恒星)들로 비유할 수 있다. 즉, '공전궤도를 도는 지구는 마치 수박 위의 개미와 같은 존재이고 위치가 고정된 듯이 보이는 항성들은 에펠탑 및 자유의 여신상과 같은 존재이다' 라고 말할 수 있다.

③ 에펠탑과 자유의 여신상으로 비유되는 항성들은, 모두 지구로부터 먼 거리에 있으므로, 위치의 변동없이 각각 제자리를 지키면서 하늘의 끝이라고 생각되는 천구면에 딱 달라붙어 있는 듯이 보인다.

④ 항성 가운데 눈에 띄는 별, 특별한 별 등에게는 옛날부터 이름을 붙여주기도 하고 몇 개씩 모아서 별자리 이름을 붙여놓기도 하였다. 중요한 별들, 예컨대 28수(宿), 12성차(星次), 황도 12궁(宮) 등은 대개 태양이 지나가는 길에 위치해 있다.

라 하였다.

　둥글게 여겨지는 하늘의 둘레는 천문학적인 계산상의 요구에서 어떤 수치로 표시할 필요가 있다. 그 둘레를 재어서 길이로 표시하는 방법도 생각할 수 있겠으나, 고대에는 이것이 현실적으로 곤란하였을 것이다. 여기에서 ‘1년의 날수’를 곧바로 ‘하늘의 둘레를 나타내는 도수’로 간주하는 방법이 채택된 것으로 보인다. 즉 1년의 날수인 $365\frac{1}{4}$일이 곧 ‘하늘의 둘레’를 나타내는 ‘주천도수(周天度數)’가 된 것이다. 이리하여 ‘$365\frac{1}{4}$’이라는 숫자는 역법에서는 1년의 날수[日數]가 되고 천구(天球)에서는 주천도수가 된다. 『서경(書經)·요전(堯典)』에서는 “1년은 366일이다.[朞三百有六旬有六日]”라고 말하였는데, 이는 $\frac{1}{4}$이라는 우수리를 절상(切上)하여 성수(成數)를 일컬은 것이므로, 실제로는 ‘1년은 365일 남짓이다’는 뜻을 표현한 말이다. 서양에서는 원주(圓周)를 360도로 정하고 이를 천문학에도 그대로 쓰는데, 이는 1년이 360일쯤 된다고 본 결과이다. 주천도수 자체만 놓고 본다면 동양의 $365\frac{1}{4}$도가 서양의 360도보다 더 정확한 것임을 알 수 있다.－동양의 1도는 서양의 0.9856262도이다.－

　옛날 사람들은 ‘1년이 $365\frac{1}{4}$일이다’라는 사실을 어떻게 알아내었을까? 그들은 우선 ‘규표(圭表)’를 가지고 해 그림자를 재어서 그것을 파악하였다. 규표로 해의 그림자를 재어 보면 그 길이는 하지 때 가장 짧고 동지 때 가장 긴데, 동지 때의 그림자 길이는 다음 해의 동지 때에 동일하게 되지 않고 만 4년이 지난 1,461일 째의 동지 때에 완전히 동일하게 된다. 이로써 1년의 날수는 4년간의 날수 1,461일을 4년으로 나누어 얻은 $365\frac{1}{4}$일임이 확인된다. 이 방법은 대개 중국의 춘추시대(春秋時代) 때인 B.C. 600년경에 확립된 것이라 하는데,—전설상으로는 기원 전 11세기경인 주(周) 나라 초기에 주공(周公)이 양성(陽城)에서 해 그림자를 관측했다는 설도 있다.— 기록상으로는 『주비산경(周髀算經)』—기원 전 1세기 즉 한(漢) 나라 초기에 만들어진 책으로, 중국 최고(最古)의 천문서(天文書)이다.—과 『후한서(後漢書)』에 그 내용이 보인다.9)

그리고 또 '1년이 $365\frac{1}{4}$일이다'는 사실은 '해가 하늘을 한 바퀴 돈다'라거나 '해가 다시 별과 만난다'라는 식으로도 설명된다. 해를 어느 항성(恒星)과 비교하여 관찰하면, 해는 황도(黃道) 상에서 매일 그 항성으로부터 반시계방향으로—동쪽 하늘로— 1도씩의 이각(離角)을 벌리면서 물러나 약 1년 365일 뒤에 하늘을 거꾸로—서쪽 하늘에서 동쪽 하늘로— 한 바퀴 돌게 되고 그 항성과 다시 만나게 된다.—이를 해의 연주운동이라 이른다. 이는 물론 지구가 자신의 공전궤도를 한 바퀴 돈 결과이다.— 옛날 사람들은 이를 '해가 하늘과 만난다[日與天會]'고 표현하였다. 따라서 해가 하늘을 한 바퀴 도는 날수가 약 $365\frac{1}{4}$일이 되고, 이를 도수로 나타내면 약 $365\frac{1}{4}$도가 되는 것이다.

'해가 하늘[천구]을 한 바퀴 돌아서 제자리로 오는 데 걸리는 날수' 또는 '해가 하늘[항성]과 만나는 날수'란 바로 오늘날의

---

9)   『周髀算經』 卷下之三 : "於是三百六十五日南極影長, 明日反短, 以歲終日影反長, 故知之三百六十五者三, 三百六十六日者一, 故知一歲三百六十五日四分日之一, 歲終也."
　　　『後漢書卷13·律曆志第3·律曆下·曆法』: "乃立儀表, 以校日景, 景長則日遠, 天度之端也. 日發其端, 周而爲歲. 然其景不復, 四周千四百六十一而景復初, 是則日行之終. 以周除日, 得三百六十五四分度之一, 爲歲之日數."

천문학에서 보면 '지구의 진공전주기'이고 '1항성년'이다. 곧 지구가 어느 항성을 기준으로 설정한 공전궤도상의 한 점을 출발하여 태양의 주위를 한 바퀴 돌아 다시 그 출발점에 되돌아오는 데 걸리는 기간이며, 그것이 1년으로서 약 $365\frac{1}{4}$일인 것이다. —오늘날의 값은 약 365.25636일이다.— 이때 '해가 하늘을 만난다'는 '하늘'은 바로 '항성'을 이르는 말이다. 따라서 항성을 기준으로 말하자면, '해와 하늘의 만남[日與天會]'은 바로 어느 항성이 1주천 한 것이기도 하고 해가 헤어졌던 어느 항성과 다시 만난 것이기도 하다.

해와 별은 동시에 볼 수 없는 법인데, 옛날 사람들이 이를 어떻게 관찰하였는지 의문이다. 만약 개기일식(皆旣日蝕)이 일어난다면 그때는 해와 별을 동시에 관찰할 수 있을 터이고, 그 시기가 만약 하지 때라면 해가 동지 때의 별자리를 '깔고 앉아 있음[躔]'을 볼 수 있을 것이다. 이 점에 착안하면, '해가 깔고 앉아 있는 별자리[日躔星次]'는 햇빛으로 인해 직접 볼 수 없다 할지라도 6개월 전의 별자리를 대입함으로써 그 모습을 쉽게 그려볼 수 있게 된다. 그러나 그 각도가 매일 1도씩 차이 난다는 것까지는 알기가 어려웠을 텐데, 그 관찰력이 놀랍다.—이 문제에 대해서는 아마 해 뜨기 직전의 동쪽 하늘의 별자리나 해가 진 직후의 서쪽 하늘의 별자리가 많이 참고되었을 것이다.—

그리고 달이 운행하는 하늘의 둘레, 즉 달의 공전궤도에 대해서도 또한 해의 주천도수인 $365\frac{1}{4}$도가 그대로 적용된다. 그런데 달은 두 개의 공전궤도를 가지고 있다. 즉 달은 지구의 위성이므로, 달이 지구를 둘러싸고 도는 자신의 고유의 공전궤도를 가지고 있을 뿐만 아니라, 지구가 태양을 둘러싸고 도는 지구의 공전궤도도 부수적으로 자신의 궤도로 지니게 된다. 태양에 대한 상대적인 달의 공전궤도는 1삭망월(朔望月)—$29\frac{499}{940}$일—을 주기로 지구를 공전하는 궤도이고, 부수적으로 지니는 지구의 공전궤도는 달이 지구를 따라 1년 동안에 약 12.37삭망월—$12\frac{7}{19}$삭망월—을 주기로 공전하는 궤도이다.—무한히 먼 항성을 기준으로 한 달의 공전주기는 27.32일로, 회귀월 또는 항성월이라 이른다.—

<삽화 3. 태양과 별의 관계>

해가 깔고 앉아 있는 별자리의 탐색

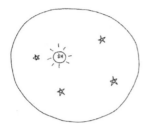

한 낮의 별자리 상상도

" 이는 원래 개기일식이 일어나야 볼 수 있는건데… "

태양이 하루전과 하루후에 깔고 앉아 있는 별자리의 상상도

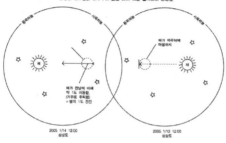

위의 1도는 물론 라양하여 그건 $\frac{1}{360}$ 도 이다.

① 동서양을 막론하고 옛날의 천문학자들은 해가 깔고 앉아 있는 별자리를 중시하고 해가 밤낮 깔고 앉아 있는 별자리를 탐색하였다. 낮에는 물론 육안으로 별자리를 볼 수가 없었지만……

② 해질 무렵의 서쪽 하늘을 관찰하면, 별 즉 항성은 태양에 비해 매일 1도씩 앞서서 시계방향으로 [서쪽 하늘로] 이동하는 것으로 보인다. 이는 지구가 자신의 공전궤도를 반시계 방향으로도 1도 전진하였기 때문이다. 이에 따라 별은 실제로 매일 약 4분씩 빨리 진다.

③ 태양은 지구의 공전으로 인해 1년 동안에 하늘을 거꾸로, 서쪽 하늘에서 동쪽 하늘로 [반시계방향으로], 한 바퀴 도는 것으로 보인다. 태양이 이와 같이 거꾸로 도는 길이 곧 황도(黃道) 이다.

(5) "하늘이 매일 한 바퀴를 돌고 또 1도를 지나친다." (「채전
    (蔡傳)」) ― 하늘이 매일 지구를 한 바퀴씩 돌면서 해보다 앞
    질러 간다.

"하늘은 …… 늘 하루에 한 바퀴를 돌고 (태양에 비하여) 1도를
지나친다."10)

「채전」의 이 말은 지구가 매일 자전과 공전을 함으로써 우리
에게 보여 주는 시운동 현상을 설명한 것이다. 즉 하늘이 지구
를 둘러싸고 '한 바퀴를 돈다' 함은 지구의 '1회 자전'을, '또 1
도를 지나친다' 함은 지구의 '공전궤도를 따른 1도 전진'을 각
각 의미한다.

'하늘이 매일 한 바퀴씩 돈다' 함은 바로 지구가 매일 '한 번
씩 자전함'을 뜻한다. 지구의 자전으로 인해 천구(天球)인 하늘
이, 구체적으로는 하나하나의 항성이,―이 항(項)에서도 '하늘'이라는
말은 '항성'이라는 말로 대체할 수 있다.― 지구를 중심에 두고 매일 시
계방향으로―동쪽에서 서쪽으로― 한 바퀴씩 도는 것처럼 보이는
것이다.―이는 별의 일주운동이다.― 그러나 실제로는 하늘이, 즉 항
성이, 지구를 돈 것이 아니다. 하늘이나 항성은 어디까지나 움
직이지 않고 가만히 있다. 도리어 지구가, 제자리를 지키고 있
는 항성과 태양을 기준으로 하루에 한 번씩 반시계방향으로―서
쪽에서 동쪽으로― 360도 돌면서 자전함에 따라 마치 하늘과 해가
매일 한 번씩 회전하는 것처럼 보일 뿐이다.

---

10) 『書經大全・堯典』「蔡傳」: "(天) …… 常一日一周而過一度."

그리고 '하늘이 또 1도를 지나친다' 함은 지구가 1일 동안 공전함으로써 '공전궤도상에서 1도씩 전진함'을 뜻한다. 하늘이 1도를 지나친다는 1도는 태양에 대한 지구의 상대적 운동에 기인한 값이다. 즉 지구가 공전궤도상에서 매일 1도씩 전진함으로 인해, 천구상에서는 어느 항성[하늘]이 태양에 대하여 매일 1도씩의 이각(離角)을 만들면서 태양보다 앞서 시계방향으로-서쪽 하늘로- 나아가는 모습으로 보인다.-실제로는 햇빛 때문에 그 항성을 볼 수가 없다.- 이에 따라 해는 상대적으로 그 항성에 대해 매일 1도씩 뒤처지면서 반시계방향으로-동쪽 하늘로- 멀어지는 것으로 보이게 된다.-겉보기상으로 해는 제자리에 가만히 있고 하늘만 서쪽으로 1도씩 이동한다.- 이것이 '하늘이 또 1도를 지나친다'는 말이다. 그 결과는 결국 별은 시계방향으로-서쪽으로- 이동하고 태양은 반시계방향으로-동쪽으로- 멀어져서 서로 천구를 한 바퀴 돌고 1년 후에 다시 만나게 되는 것이다.-이는 별과 해의 연주운동이다.- 거듭 말하지만, 태양과 별은 모두 제자리에 가만히 있는데 지구가 궤도상에서 움직인 결과 이렇게 보인다.

지구는 1일 동안 한 번 자전한다. 그런데 무엇을 기준으로 지구가 한 번 자전하였다고 보느냐에 따라 1일의 길이와 명칭이 달라진다. 지구가 어느 항성을 기준으로 한 번 자전하는 데 걸리는 길이는 23시간 56분 4.09초이고, 이를 '1항성일(恒星日, sidereal day)'이라 한다. 이에 대해 지구가 태양을 기준으로 한 번 자전하는 데 걸리는 길이는 24시간이고, 이를 '1태양일(太陽日, solar day)'이라 한다.-정확하게는 '1평균태양일'이다.- '태양일'은 '진태양일(眞太陽日)'과 '평균태양일(平均太陽日)'일로 나눌 수 있

<삽화 4. 해와 별 사이는 하루에 1도씩 멀어진다>

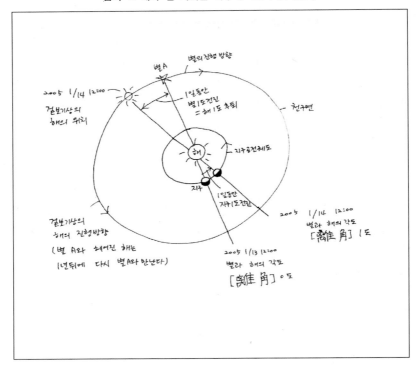

는데, 우리가 실제 사용하는 '1태양일'은 '진태양일'이 아닌 '평균태양일'이다. '1진태양일'은 진태양이 가리키는 1일을 이르고, '1평균태양일'은 평균태양이 가리키는 1일을 이른다. '진태양'은 천(天)의 적도(赤道)에 23.5도 기울어진 황도(黃道)를 따라 불균일한 속도로 움직이는 실제의 태양이다. 이에 비해 '평균태양'은 천의 적도를 따라 균일한 속도로 움직이는 가상의 태양이다. '1진태양일'은 태양이 자오선을 통과하는 일남중(日南中)과 일남중 사이의 길이를 기준으로 파악한 하루인데, ─해 그림자를 재어 시각을 알아내는 해시계를 상상해 보라.─ 이는 24시간보다 30초가 길거나 21초가 짧아 도합 51초 정도의 차이가 난다. 이는 실용에 적당하지 않으므로, 우리는 천의 적도를 따라 '등속도'로 운행하는 가상의 태양을 상정해 두고 하루의 길이를 1년 내내 변함이 없는 24시간으로 정한 것이다. 물론 역법에서는 1평균태양일에 기초하여 달력을 만든다. ─우리의 생활은 별보다는 해로부터 직접 더 많은 영향을 받기 때문에 '항성일'은 역법에서 사용할 필요가 없다.─

위에서 기술한 '하늘이 매일 한 바퀴씩 돈다'는 말은 '1항성일'이 완성된 사실을 가리키고, '하늘이 또 1도를 지나친다'는 말은 '1태양일'이 완성된 사실을 가리킨다. 그러면 항성일은 왜 태양일에 비해 약 4분 정도가 더 짧을까? 그리고 태양과 항성 간의 차이 1도는 무슨 이유로 생기는가? 이 문제를 그림으로 설명하면 다음의 <그림 2>와 같다.

<그림 2> 항성일과 태양일의 차이

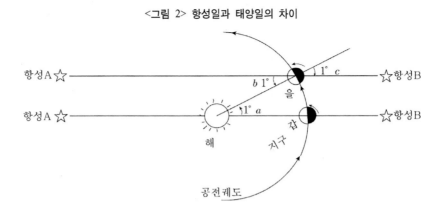

* 위 그림에서는 1도의 각도를 좀 과장하여 크게 그렸다.
* 임의의 항성 'A'는 무한대의 먼 거리에 있는 것이므로, 지구가 공
  전궤도상의 어디에 있든지 간에 우리 눈에는 항상 동일한 방향에 있
  는 것으로 보인다. 단, 이 'A'는 햇빛 때문에 육안으로 볼 수는 없다.
* 태양에 대한 지구의 전진 각도 a와 이로 인한 태양과 항성 간의
  이각(離角) b는 항상 동일하다. ─ 각 a와 각 b는 한 쌍의 평행선과 제3의
  직선이 만나서 생긴 엇각[錯角]이다. ─
* '갑' 지점에서부터 1일 동안 자전과 공전을 하면서 '을' 지점까지 온
  지구는 궤도상을 1도 전진하였다. 따라서 지구는 항성 'A'에 대해
  먼저 360도를 돌아서 1회 자전을 마치고 ─ 항성 'A'를 바라봄 ─ 다시
  1도를 더 돌아서 태양에 대해 1회 자전을 마치게 된다. ─ 태양을 바
  라봄 ─ 이 남은 1도를 마저 자전하는 데 약 4분의 시간이 더 걸린다.
* 태양은 지구와 가까운 거리에 있으므로 지구가 궤도상에서 하루에
  1도 공전함에 따라 항성 'A'와 1도의 차이를 낳는다. 즉 실제 움직
  이지 않고 한곳에 머물러 있는 태양의 주위를 지구가 시계바늘 반
  대 방향으로 1도 공전함에 따라 우리의 눈에는 항성 'A'가 태양을
  뒤로 한 채 시계바늘 방향인 서쪽 하늘로 1도 이동한 것으로 보인
  다. 바꾸어 말하면, 이는 항성과 태양 간에 매일 1도씩의 이각이 발
  생하는 것이고, 태양이 항성에 대해 매일 1도씩 못 미치는 것이다.
* 지구가 공전궤도를 따라 전진함으로써, 밤하늘에 보이는 항성 'B'
  도 매일 1도씩 서쪽으로 이동하는 것처럼 보인다. 항성 'B'가 1도

이동하는 데에도 역시 약 4분의 시간이 소요되므로, 1달이 지나면 약 2시간의 거리 30도를 이동하게 된다. 이로써 1달 뒤에는 저녁 8시에 뜨던 별이 저녁 6시에 뜨게 되고, 저녁 9시에 지던 별이 저녁 7시에 지게 된다.

* 항성일로 따지면 1년은 366일이 된다. 항성이 태양에 비해 매일 1도씩 앞서 전진하면서 4분씩을 저축한 결과 하늘을 360도 일주(一周)함과 동시에 24시간(1일)을 벌게 되기 때문이다. 그러나 지구의 입장에서 보면 이 4분은 지구가 매일 1도씩 공전궤도를 전진하는 데에 소비한 시간이다. 환언하면 지구가 매일 궤도를 따라 1도씩 전진함으로써 별을 태양에 비해 1도씩 전진시키는 데 4분씩을 소모하고, 1년 동안 궤도를 360도 일주함으로써 별을 태양에 대해 1주천(周天)시키는 데 24시간을 소모한 것이다. 아무튼 지구는 공전궤도를 1년에 걸쳐 한 번 일주하면서 별(항성)을 366번 바라보고 태양을 365번 바라보는 셈인데, 지구가 별을 바라보는 것은 사실 우리의 날짜와는 아무런 관계가 없다. 우리는 지구가 태양을 한 번 바라보는 것을 가지고 1일로 정의할 뿐이다.

2) 태양[日]의 움직임

「채전(蔡傳)」은 하늘[天]의 움직임에 이어서 태양[日]의 움직임에 대해서도 역시 다음과 같이 간단하게 기술하고 있다.

"해는 하늘에 붙어 있는데, 조금 느리다. 그러므로 해가 하루 동안 운행하는 것도 땅을 둘러싸고 한 바퀴를 돌되 하늘에 비해─ 항성에 대해─ **1도를 못 미친다. 그 결과 365와 $\frac{235}{940}$ (= $\frac{1}{4}$)일(日)을 쌓아서 해가 하늘[항성]과 만나게 된다. 이것이 1년 동안 해가 운행하는 도수(度數)이다."** [11]

이를 아래에서 분설(分說)하기로 한다.

(1) "해도 역시 매일 땅을 둘러싸고 한 바퀴씩 돌되 하늘에 비해 1도를 못 미친다." (「채전(蔡傳)」)[12]

이 말은 "하늘[항성]이 해에 비해 1도씩 앞질러 간다."는 앞의 말과 결국 같은 의미이다. 앞에서는 태양과 대비시킨 항성을 위주로 표현한 말이고, 여기에서는 항성과의 관계에서 본 태양을 위주로 표현한 말이다. 지구의 자전으로 인해 하늘[항성]과 태양이 함께 지구를 에워싼 채 시계방향으로―동쪽에서 서쪽으로― 도는 것으로 보이는데,―별과 해의 일주운동이다.― 어느 항성을 기준으로 태양을 비교해 보면 태양은 그 항성에 비해 반시계방향으로―동쪽으로― 매일 1도씩 뒤처지면서 도는 것으로 보인다.―별과 해의 연주운동이다.― 따라서 지구를 중심으로 돌아가는 속도는 하늘[항성]이 태양보다 매일 1도씩 빠르고 태양이 하늘보다 매일 1도씩 느린 것으로 비쳐진다.―주의를 요하는 것은, '매일 하늘이 1도씩 빠르고 태양이 1도씩 느리다. 그러므로 이를 합하여 하루에 2도씩의 차이가 난다.'고 이해하여서는 아니 된다는 점이다.― 이는 물론 지구가 매일 1도씩 공전하는 결과이다. 이처럼 태양이 하늘[항성]에 대해 매일 1도씩 미치지 못하여 뒤처지는 도수를 '일후천 도수(日後天度數)'라 이른다. 태양의 속도가 하늘에 비해 매일 1도씩 느리므로,

---

11) 『書經大全·堯典』「蔡傳」: "日麗天而少遲. 故日行一日, 亦繞地一周, 而在天爲不及一度. 積三百六十五日九百四十分日之二百三十五, 而與天會. 是一歲日行之數也."
12) 『書經大全·堯典』「蔡傳」: "日 …… 亦繞地一周, 而在天爲不及一度."

다시 말해 하늘이 해에 대해 매일 1도씩 앞질러 가므로, 그것이 쌓이고 쌓여서 결국 태양이 28수(宿)[13] 등의 항성이 진열되어 있는 하늘[天球]을 거꾸로 ─반시계방향으로─ 한 바퀴 도는 결과를 낳게 되며, 거기에 소요되는 기간이 바로 $365\frac{1}{4}$ 일인데, 이는 곧 지구의 공전주기이다.

지구의 자전과 공전을 몰랐던 옛날 사람들에게는 '해는 별이랑 함께 돌기는 하지만 딱하게도 별에 대해 매일 1도씩 뒤지는 존재'였다. 옛사람들은 "하늘[항성]의 운행은 지극히 굳세어서 매일 한 바퀴를 돌고도 또 1도를 더 지나친다. 이에 비해 해의 운행은 빠르고 굳세기는 하지만 아무래도 하늘을 따라가지는 못하고 매일 딱 한 바퀴만 돌고 만다."고 여겼던 것이다.

---

13) 28수(宿)란 황도(黃道)와 천(天)의 적도(赤道) 부근의 항성(恒星)을 28개의 성좌로 구분한 것으로, 동방의 창룡(蒼龍) 7수(宿)인 각(角)·항(亢)·저(氐)·방(房)·심(心)·미(尾)·기(箕), 북방의 현무(玄武) 7수인 두(斗)·우(牛)·여(女)·허(虛)·위(危)·실(室)·벽(壁), 서방의 백호(白虎) 7수인 규(奎)·루(婁)·위(胃)·묘(昴)·필(畢)·취(觜)·삼(參), 남방의 주작(朱雀) 7수인 정(井)·귀(鬼)·류(柳)·성(星)·장(張)·익(翼)·진(軫)을 이른다. 이들은 천구상에서 일(日)·월(月)·5행성(五行星) 등의 운행 위치를 나타내 주는 좌표계(座標系) 구실을 할 뿐만 아니라, 자신들의 소재 위치로써 계절을 알려 준다.

<삽화 5. 태양은 별에 대해 매일 1도씩 후퇴한다>

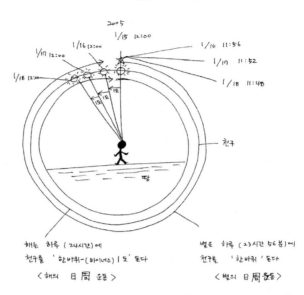

X 해와 어떤별이 2005. 1. 15. 12:00 에
동일한 적경 (赤經)에 위치하였을 경우

① 별 [恒星]은 1일 (23시간 56분) 동안에 하늘 [천구]를 시계 방향으로
'한 바퀴' 돈다. [별의 일주운동(日周運動)] 태양은 1일 (24시간)
동안에 하늘을 시계 방향으로 '한 바퀴 ─ (마이너스) 1도' 돈다. [태양의
일주 운동]

② 어느 별과 태양이 2005년 1월 15일 12:00 에 동일한 적경 (赤經)에
위치하였다고 가정할 경우, 그 별은 하늘을 완전히 한 바퀴 돈 끝에
1월 16일 11:56 에 동일한 적경에 위치하게 되고 태양은 하늘을 거의
한 바퀴 돈 끝에 같은 날 12:00 에 동일한 적경에 위치하게 되며, 그
시각에 별과 태양 사이의 거리는 1도 벌어지게 된다. 이처럼 별은 매일
4분씩 앞당겨서 동일한 적경에 위치하게 되고, 태양은 12:00 가 될
때마다 1 도씩을 누적하면서 별과의 거리를 점점 멀리하게 된다.

(2) "365$\frac{1}{4}$일을 쌓아 해가 하늘과 만난다. 이것이 1년 동

   안 해가 운행하는 도수(度數)이다." (「채전(蔡傳)」)14)

"해가 하늘과 만난다.[日與天會]" 함은 태양의 겉보기 운동상 태양이 어느 항성에 대해 동쪽으로 매일 1도씩의 이각(離角)을 만들면서 뒤처져 거리를 벌린 나머지 하늘[천구]을 한 바퀴 돌아서 그 항성[하늘]과 다시 만나는 것을 이른다. 이 경우 태양은 1년 동안 하늘[천구]을 서쪽에서 동쪽을 향해 거꾸로－반시계방향으로－ 한 바퀴 돌게 되는데,－사실 태양은 제자리에 가만히 있지만 하늘 [항성]이 서쪽으로, 시계방향으로, 매일 1도씩 이동하여 한 바퀴 돈 결과 상대적으로 그렇게 보인다.－ 그 길을 황도(黃道, ecliptic)라 이른다. 이 황도는 어디까지나 천구상에다 태양이 지나간다고 간주하고 설정한 가상의 길일 뿐이며, 실제로는 지구 자신의 공전궤도가 태양을 매개체로 삼아 하늘의 별자리에 투영된 것이다. 그 별자리는 일식 때나 볼 수 있는 '태양이 어느 시점에 깔고 앉아 있는 별자리'로서, 어느 시점을 전후한 날의 밤하늘에서 보이는 별자리와는 정반대 쪽에 있는, 그 6개월 전이나 6개월 후 밤하늘의 별자리이다. 태양이 지나가는 황도상의 대표적인 별자리로는 12차(次)와 28수(宿)를 들 수 있다.15) － 점성술에서 따지는 양자리[白羊宮]·

---

14) 『書經大全·堯典』「蔡傳」: "日 …… 積三百六十五日九百四十分日之二百三十五, 而與天會. 是一歲日行之數也."

15) '12차(次)'는 '12성차(星次)'라고도 이르는데, 이는 적도 내지 황도 부근의 하늘을 서에서 동으로 한 바퀴 돌며 12등분(等分) 한 것이다. 이를 표지(標識)로 삼아 파악한 세성(歲星)의 위치로써 해[年度]를 나타낼 뿐만 아니라 해[太陽]의 위치로써 계절을 알아내기도 하였다. 또 인간의 화복(禍福)이 성상(星象)과 관계가 있다고 보고 그 길흉을 점치기 위해 하늘의 12차 또는 28宿에 상응하여 땅 위의 지역을 열둘로 나누

황소자리[金牛宮] 따위의 12성좌는 바로 어떤 사람의 출생 시점 당시에 태양이
깔고 앉아 있는 별자리이다. ―

  항성 및 태양의 겉보기 운동과 지구의 공전을 도시하면 대개
다음의 <그림 3>과 같다.

고 '12분야(分野)'라 일렀다. ['12분야'에 대응하는 성수(星宿)를 '12분
성(分星)'이라 이른다.] 12차의 명칭 및 순서와 그에 상응하는 28수(宿),
12분야(分野), 황도12궁(黃道十二宮) 등을 열거하면 대개 아래와 같다.
28수 중에는 2개의 성차에 걸쳐진 것도 있다.(『爾雅·釋天』, 『周禮·春
官保章氏』 鄭玄注, 『淮南子·天文訓』, 『史記·天官書』, 『漢書·律曆志』,
『晉書·天文志上』, 『曆算全書』 등 참조)

12차	星紀 (성기)	玄枵 (현효)	娵訾 (취자)	降婁 (강루)	大梁 (대량)	實沈 (실침)	鶉首 (순수)	鶉火 (순화)	鶉尾 (순미)	壽星 (수성)	大火 (대화)	析木 (석목)
28수	斗牛	女虛危	室壁	奎婁	胃昴畢	畢觜參井	井鬼	柳星張	翼軫	角亢氐	氐房心	尾箕
12분야	越吳 揚州	齊 青州	衛 并州	魯 徐州	趙(魏) 冀州	晉 益州	秦 雍州	周 三河	楚 荊周	鄭 兗周	宋 豫州	燕 幽州
12궁	磨羯 [염소]	寶瓶 [물병]	雙魚 [물고기]	白羊 [양]	金牛 [황소]	雙子 [쌍둥이]	巨蟹 [게]	獅子 [사자]	室女 [처녀]	天秤 [천칭]	天蝎 [전갈]	人馬 [궁수]

오늘날 해가 석목(析木)·취자(娵訾)·실침(實沈)·순미(鶉尾)의 한가
운데에 위치하면 각각 동지·춘분·하지·추분이 된다. 12차의 경우에
는 각 차(次)의 한가운데를, 12궁의 경우에는 각 궁(宮)의 초입 부분을
각각 이분(二分)·이지(二至)의 점(點)으로 삼는다.

<그림 3> 항성 및 태양의 겉보기 운동과 지구의 공전

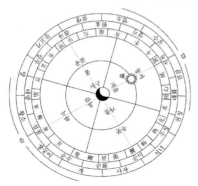 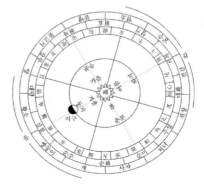

① 천동설의 입장에서 본
　해의 1년 간 겉보기 운동
　　（지구 중심）

② 지동설의 입장에서 본
　지구의 1년 간 실제 운동
　　（태양 중심）

* 그림 ①에서는 12성차·28수(宿) 등의 항성이 시계방향으로－서쪽
을 향해－ 하늘을 1년 동안에 일주하는 것으로 보인다. 이때 태양
은 항성에 대해 상대적으로 황도를 따라 반시계방향으로－동쪽으로
－ 1년의 기간에 걸쳐 일주하는 것으로 보인다. 그러나 그림 ②에
서와 같이, 실제로 태양은 움직이지 않고 제자리를 지키고 있는 데
에 반해 지구가 자신의 공전궤도상을 동진(東進)함에 따라 항성이
서진(西進)하는 것으로 보이는 결과 태양의 겉보기 운동이 그렇게
보이는 것이다.
* 그림 ②에서는 지구가 자신의 공전궤도상에서 1년 동안에 걸쳐 반
시계방향으로－서쪽에서 동쪽으로－ 일주한다. 여기에서 태양과 항성
은 모두 위치가 고정되어 있지만, 그러나 태양과 항성의 겉보기 운
동은 지구가 움직인 결과로 인해 그림 ①과 동일하다.
* 그림 ①·②에서 '갑'은 태양이 겨울철에 깔고 앉아 지나가는 한낮
의 별자리이고, '을'은 겨울철에 보이는 밤하늘의 별자리이다.

<삽화 6. 지구의 공전과 태양의 연주운동>

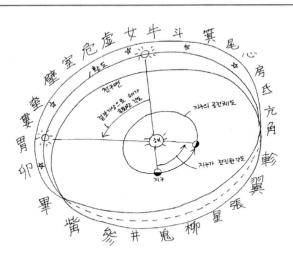

28수 (宿) - 이들은 물론 모두 항성이다.

① 지구는 자신의 공전궤도 상에서 반시계방향으로 매일 1도씩 전진한다. 이에 따라 태양도 황도 상에서 반시계방향으로 [서쪽 하늘에서 동쪽 하늘로] 항성과 비교할 때 매일 1도씩 후퇴한다.

② 매일 1도씩 후퇴한 태양은 1년 365일 동안에 12성차 (星次) 및 28수 (宿) 등을 거치면서 천구를 약 360도 돌아서 제자리에 오게 된다. - 태양의 연주운동

③ 위 ①·②는 지구의 공전궤도 상 1일 1도 전진으로 인해 별이 태양에 비해 1일 1도 전진 [西進] 함으로써 1년 365일 뒤에 다시 태양을 만나게 된 결과 일어나는 겉보기 현상이다.

④ 태양이 별에 대해 1일 1도씩 후퇴하는 데에 약 4분이 소요된다. 그러므로 1년 365일 간 1주천하는 데는 총 1440분, 즉 24시간이 소요된다.

이 '해와 하늘과의 만남[日與天會]'은, 천동설적인 입장에서 서서, 지구를 중심으로 하늘[항성]과 태양이 함께 돌되 '태양이 하늘[항성]에 비해 도는 속도가 매일 1도씩 늦다'고 본 데에서 빚어진 현상이다. 그런데 지동설의 입장에서 보더라도 그 관측 결과는 동일하다. 이 입장에서는 '해와 하늘과의 만남'이란 지구가 공전궤도상에서 매일 1도씩 전진하여 그 궤도를 1년 동안에 한 번 일주한 결과일 뿐이라고 설명한다. 즉 '해가 하늘－어느 항성－과 만난다'는 것은 '지구가 어느 항성을 기준으로 공전궤도상의 한 지점을 출발하여 그 지점에 다시 되돌아옴으로써 1항성년이 되었다' 또는 '지구가 공전궤도상에서 특정의 한 지점을 출발하여 다시 그 지점에 되돌아옴으로써 궤도를 한 바퀴 공전하였다'는 말과 동일하다. 이것이 바로 옛날 사람들의 이른바 '해가 (매일 1도씩) $365\frac{1}{4}$ 일을 쌓았다'는 말의 현대적 의미이다.

여기에서 '1년이 되었다'는 판정 기준을 좀 더 엄밀히 생각해 볼 필요가 있다. 앞에서 지구의 1회 자전에 대한 판단 기준에 따라 1일의 길이와 명칭이 달라졌듯이, 지구의 공전에 대해서도 같은 문제가 생긴다. 즉 항성년(恒星年, sidereal year)과 태양년(太陽年, solar year)－회귀년(回歸年)－의 문제이다. 지구가 1회의 공전을 완료하였다고 판단하는 데는 역시 별[항성]을 기준 삼을 수도 있고, 태양을 기준 삼을 수도 있다. 전자의 기준에 따른 1년을 '1항성년'이라 이르고, 후자의 기준에 따른 1년을 '1태양년'이라 이른다. '1항성년'이란 평균태양이 무한히 먼 가상적인 천체를 연속 2회 만나는 데 걸리는 시간이고, '1태양년'이란 평균태양이 춘분점(春分點, vernal equinox)[16]을 2회 연속 만나는 데 걸리는 시간이다. 전자는 태양과 별과의 관계로서 이른바 '태양이 하늘과 만났다'는 시점을 기준으로 나온 1년이고, 후자는 태양과 지구와의 관계로서 '황도를 따라 동진(東進)하는 태양이 춘분점을 통과했다'는 시점을 기준으로 삼은 1년-춘분점을 두 번 지나는 데 걸리는 시간-이다. 역법에서는 사계절의 정확한 주기를 반영하기 위해 태양년을 기초로 삼는다.-우리는 별의 영향보다 해의 영향을 받으며 살기 때문이다.-

'항성년'은 지구가 자신의 공전궤도를 완전히 한 바퀴 일주한 진공전주기이다. '완전히 한 바퀴 돌았다'는 사실을 무엇으로 식별하느냐 하면, 무한히 먼 가상적 항성을 기준으로 식별하는 것이다. 즉 지구는 태양과 항성 사이에 있는 공전궤도를 따라 태양의 주위를 돌게 되는데, 지구가 그 궤도를 진행할 때 태양과 무한히 먼 항성이 동일한 지점에 위치한 것을 보고 출발하여 다시 그 출발 지점에 되돌아오면 '완전한 한 바퀴'를 돌게 되고 '1항성년'인 365.256363051일(365일 6시간 9분 9.8초)이 되는 것이다.[17] 이는 지구가 움직인다는 관점에서의 설명이고, 하늘이 움직인다고 보는 관점에서는 이를, 앞에서 본 바와 같이, 해가 하늘[항성]과 헤어져서 황도를 따라 거꾸로 이동한 뒤 '해가 다시 하늘[항성]과 만난다'고 설명하게 되는 것이다.-태양의 황도는 지구의 공전궤도가 천구상에 반영된 것이므로, 태양이 움직인다는 것은 곧 지구가

---

16) 춘분점(春分點, vernal equinox)이란 황도(黃道)를 운행하는 태양이 남에서 북으로 올라올 때 천구적도와 만나는 점을 이른다. 이와 반대로, 북에서 남으로 내려갈 때 만나는 점을 추분점(秋分點, autumnal euquinox)이라 이른다.

17) 오늘날의 천문학에서는 epoch J2000.0[2000년 1월 1일 TT(지구 시) 12시 00분 00초]의 항성년 365.256363051일을 '1항성년'으로 정의한다.

움직인다는 말과 같고, 지구가 궤도를 돈다는 말은 곧 태양이 황도를 돈다는 말과 같다.‐

'태양의 춘분점 통과'를 기준으로 삼는 '태양년'은 '항성년'에 비해 조금 짧다. 오늘날 '1태양년'은 365.242189670일(365일 5시간 48분 45.2초)이며,[18] 이는 1항성년에 비해 약 0.014173381일(약 20분 24.6초) 정도 짧은 셈이다. 그 이유는 황도와 천구적도가 만나는 춘분점이 지구의 세차운동(歲差運動)으로 인해 시계방향으로‐동쪽에서 서쪽으로‐ 매년 약 50.3초씩 이동하기 때문이다. 이에 따라, 황도상을 반시계방향으로‐서쪽에서 동쪽으로‐ 이동하는 태양은 자연히 기준점이 된 항성과 다시 만나기 이전에‐시간으로는 약 20분 전에, 각도로는 360도에 50.3초를 못 미쳐서‐ 먼저 춘분점에 도착하게 되는 것이다.

지금 살펴본 항성[하늘]의 위치와 태양·지구의 운행, 춘분점의 이동 등을 그림으로 도시하면 다음의 <그림 4>와 같다.

<그림 4> 항성의 위치와 춘분점(항성일과 태양일의 차이)

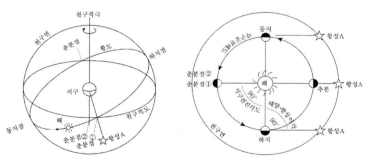

---

18) 오늘날의 천문학에서는 epoch J2000.0[2000년 1월 1일 TT(지구 시) 12시 00분 00초]의 태양년(회귀년) 365.242189670일을 '1태양년'으로 정의한다.

   * 궤도상의 지구가 항성 A 및 태양과 일직선을 이루는 지점-즉 항
     성 A와 태양의 적경(赤經)이 동일한 지점-인 춘분점 ①을 출발하는
     것은 황도상의 태양이 춘분점 ①을 떠나 항성 A[하늘]와 헤어지기
     시작한 것이고, 지구가 궤도를 돌아 다시 춘분점 ②에 도착하고 항
     성 A의 위치에 도착하는 것은 태양이 황도를 돌아 다시 춘분점 ②
     에 도착하고 항성 A[하늘]와 만나는 것이다.-단, 춘분점상에 어떤 항
     성이 실제로 존재한다는 보장은 없다.-
   * 황도상에서 태양-궤도상에서 지구-은 동진하고 춘분점은 서진하므
     로, 항성 A의 방향과 일치하는 춘분점 ①을 출발한 태양-지구-은
     천구-궤도-를 거의 한 바퀴 다 돌아서 이미 50.3초 이동해 온 춘
     분점 ②를 먼저 만난 뒤에 원래의 출발점(항성 A가 있는 방향의
     지점)에 도착하게 된다.(헤어졌던 항성 A와 다시 만난다.)

   지구의 운동에는 세 가지가 있다. 지구의 자전, 지구의 공전, 세
차운동이 그것이다. '세차운동(歲差運動, precession)'이란 약 23.5
도 기울어진 지구의 자전축이 주로 달의 인력으로 인해 25,760
년마다 한 번씩 황도를 따라 시계방향으로-서쪽으로- 이동하는
현상이다. 이에 따라 황도상의 춘분점도 같은 주기로 황도를 한
번 돌게 되는데, 이는 71.6년에 1도를 움직이는 셈이다. 이 결과
모든 별자리가 약 2,100년이 흐르면 한 달간의 운행 각도인 30
도 정도를 서진하게 되고, 13,000년 쯤 지나면 180도의 정반대
방향으로 뒤바뀌게 된다. 지구 상의 4계절도 동일한 주기로 변
동한다. 따라서 옛날 사람들이 1태양년의 길이를 파악한 방법
가운데, 하지·동지 때의 해 그림자를 관측한 것이 별과 해의
주천(연주운동)을 관측한 것보다 더욱 정확한 결과를 이끌어 내
는 방법이라 할 수 있다.

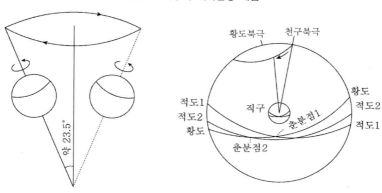

<그림 5> 지구의 세차운동 개념도

세차운동의 영향으로는 다음의 현상들을 들 수 있다.

① 황도상의 춘분점이 시계방향으로—서쪽으로— 이동하게 되어 항성년과 태양년의 길이에 차이가 생긴다. 황도면은 고정되어 있는 데 반해 천구 적도면은 위치가 변하기 때문이다.

② 천구의 북극과 천구상의 모든 별자리가 춘분점이 이동하는 각도만큼 시계방향—서쪽—으로 이동한다. 천구의 북극은 약 5,000년 전에는 용자리의 α성 부근에 있었고, 현재는 북극성—작은곰자리의 α성— 근처에 있으며, 약 12,900년 뒤에는 직녀성(織女星)—거문고자리의 α성— 부근에 있게 된다. 또 12성좌—황도 12궁—를 예로 들면, 춘분점상의 별자리가 약 2,100년 전에는 양자리[白羊宮]였으나 지금은 약 30도(1개 성좌)를 서진(西進)하여 물고기자리[雙魚宮]이다.[19]

③ 춘분점의 이동 각도만큼 계절이 변한다. 가령 현재 시점에

---

19) 태양이 황도 12궁, 12차(次)를 깔고 앉아 있는 시기는 대개 다음과 같다. 양자리가 제1궁인 까닭은 약 2,100년 전에 한 해의 시작 기점인 춘분점이 거기에 있었기 때문이다.

서 지구의 북반구가 겨울이라면 약 13,000년 뒤에는 여름으로 바뀌며, 남반구는 이와 반대로 여름에서 겨울로 바뀐다.

동양에서 지구의 세차운동(歲差運動)이 확실히 밝혀진 것은 서양에 비해 약 400년 늦은 서기 330년 전후로 진(晉) 나라의 우희(虞喜)에 의해서였고,[20] 또 역법에 처음 세차(歲差)가 반영된 것은 서기 462년에 남조(南朝)의 조충지(祖沖之)가 만든 『대명력(大明曆)』(510～523년)에서였다. 그러나 이보다 훨씬 뒤에 나온 「채전(蔡傳)」에서는 항성년과 태양년을 구분하지 않고 항성년만을 기준으로 1년의 길이를 설명하고 있는데, 이는 양자 간의 차이가 미미하다 하여 구분할 필요성을 느끼지 못했었기 때문일까? 원래 천문·역법은 미세한 숫자까지 다루어야 하는 분야가 아닌가?

구분	황도 12궁(宮)	12차(次)	약 2,100년 전	오늘날
제1궁	白羊 Aries(양자리)	강루(降婁)	03.21.－04.19.	04.20.－05.20.
제2궁	金牛 Taurus(황소자리)	대량(大樑)	04.20.－05.20.	05.21.－06.20.
제3궁	雙子 Gemini(쌍둥이자리)	실침(實沈)	05.21.－06.20.	06.21.－07.22.
제4궁	巨蟹 Cancer(게자리)	순수(鶉首)	06.21.－07.22.	07.23.－08.22.
제5궁	獅子 Leo(사자자리)	순화(鶉火)	07.23.－08.22.	08.23.－09.22.
제6궁	室女 Virgo(처녀자리)	순미(鶉尾)	08.23.－09.22.	09.23.－10.26.
제7궁	天秤 Libra(천칭자리)	수성(壽星)	09.23.－10.23.	10.24.－11.21.
제8궁	天蝎 Scorpius(전갈자리)	대화(大火)	10.24.－11.21.	11.22.－12.21.
제9궁	人馬 Sagittarius(사수자리)	석목(析木)	11.22.－12.21.	12.22.－01.19.
제10궁	摩羯 Capricornus(염소자리)	성기(星紀)	12.22.－01.19.	01.20.－02.19.
제11궁	寶瓶 Aquarius(물병자리)	현효(玄枵)	01.20.－02.18.	02.18.－03.20.
제12궁	雙魚 Pisces(물고기자리)	취자(娵訾)	02.19.－03.20.	03.21.－04.19.

20) 세차운동을 처음 발견한 사람은 고대 그리스의 천문학자 히파르쿠스(Hipparchus)이며 그 시기는 기원전 125년이다.

<삽화 7. 계절에 따라 별자리가 바뀌는 이유>

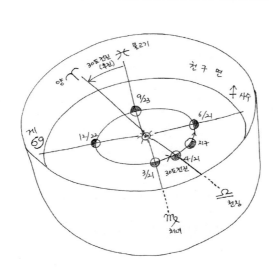

① 현재 태양이 갈고 앉아 있는 별자리는 6개월 후나 6개월 전에 보이는 밤하늘의 별자리이다.

② 3월 21일 자정의 중천에서 처녀자리를 보았다고 가정할 경우, 1개월 뒤인 4월 21일 자정의 중천에서는 천칭자리를 보게 된다.

③ 3월 21일 낮에 갈고 앉아 있는 별자리인 물고기자리는 6개월 뒤인 9월 23일 밤에 볼 수 있다.

3) 달[月]의 움직임

(1) 달의 공전 — 항성월과 삭망월

앞의 절(節)에서 살펴본 바와 같이, 지구가 한 번 자전함에 따라 해와 별이 한 번 뜨고 져서 1일이 되고, 지구가 한 번 공전함에 따라 해와 별이 한 번 헤어졌다가 다시 만나 1년이 된다. 지구의 자전과 공전에 따라 날이 가고 해가 바뀌는 것이다.

지구의 위성(衛星)인 달도 지구처럼 자전과 공전을 한다. 달이 지구를 한 번 공전함으로써 역법상의 한 달, 즉 달의 위상 주기인 '1삭망월(朔望月)'이 되는 것이다. 태음력(太陰曆)의 한 달과 태양력(太陽曆)의 한 달은 그 길이가 서로 다르지만, 오늘날 태양력에서 쓰는 '달[月, month]'이라는 명칭은 확실히 달(moon)의 삭망 주기(朔望週期)에서 비롯된 것이다.

달의 모습[月相]은 달 자신의 공전 외에 지구와 태양의 운행으로부터 영향을 받는다. 즉 달은 지구의 자전에 따라 일주운동을 하는 동시에 자기 자신이 지구를 둘러싸고 공전을 하며, 이때 자신의 위치와 태양의 방향에 따라 월상(月相)이 변하는 것이다.

달의 '자전'은 달이 차고 이지러지는 월상과는 관계가 없다. 달은 지구를 한 바퀴 돌 때마다 한 번 자전함으로써 언제나 똑같은 면을 지구로 향하고 있는데,─달은 언제나 토끼가 절구질하는 장면 쪽만을 우리에게 보여 준다.─ 설령 2회 이상의 자전을 한다고 가정하더라도 그것은 달의 모양·크기와는 원칙적으로 상관이 없는 것이다. 이에 반해 지구 주위를 도는 달의 '공전'은 '초하루 [朔]－상현(上弦)－보름[望]－하현(下弦)－그믐[晦]'이라는 월상의 변화를 주기적으로 반복하며 보여 주는데, 우리는 이것을 역법(曆法)에 반영하여 달력을 만든다.

달이 지구를 '한 번 공전하였다'는 판정 역시 별[恒星]을 기준으로 삼을 수도 있고 태양[日]을 기준으로 삼을 수도 있다. 즉 달이 무한히 먼 별을 기준으로 삼아 지구를 한 번 공전하고 다시 그 별을 바라보게 되는 상태－이는 쉽게 말해 지구와 어느 항성 사이를 잇는 직선상에 달이 놓여 있는 것을 말한다. 옛날 사람들은 이를 '달이 하늘과 만난다[月與天會]'고 표현하였다.－에 소요되는 기간을 '1항성월(恒星月)'이라 이르는데, 그 기간은 27.321661일(27일 7시 43분 11.6초)이다. 또 태양을 기준으로 삼아 지구를 한 번 공전하고 다시 태양을 바라보게 되는 상태－이는 쉽게 말해 지구와 태양 사이를 잇는 직선상에 달이 놓여 있는 것을 말한다. 옛날 사람들은 이를 '달이 해와 만난다[月與日會]'고 표현하였다.－에 소요되는 기간을 '1삭망월(朔望月)'이라 이르며, 그것은 29.530589일(29일 12시 44분 2.9초)이다. 양자 간에는 약 2.21일의 차이가 있는데, 그 차이가 생기는 이유는 다음의 <그림 6>과 같이 설명된다.

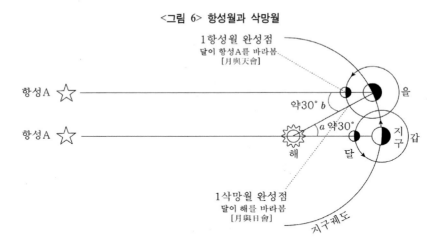

<그림 6> 항성월과 삭망월

* 항성월이 삭망월보다 짧은 이유는 기본적으로 항성일과 태양일 간의 관계에서 본 바와 비슷하다.
* 지구가 자신의 공전궤도 '갑' 지점에서 '을' 지점으로 전진하였을 때, 달은 자신의 공전궤도를 360도 돌아 먼저 항성 'A'를 바라보게 되고[月與天會] 다시 남은 각도 약 30도(b)를 더 돌아 태양을 바라보게 된다[月與日會].
* 달이 360도 공전하였을 때 지구도 자신의 공전궤도를 약 30도(a) 전진하였다. 이 30도는 곧 달이 태양을 향해 더 돌아야 할 남은 각도(b)와 동일하다. - 태양에 대한 지구의 공전궤도 전진 각도 a와 지구의 공전궤도 전진으로 인한 태양과 항성 간의 이각(離角) b는 항상 동일하다. -
* 부연하면, 이 남은 각도 약 30도는 지구의 공전으로 인해 생긴 각도이다. 즉 지구가 자신의 공전궤도상에서 매일 1도씩 전진함으로 인해 태양과 항성과의 사이에 매일 발생하는 1도씩의 이각이 약 30일 동안 쌓인 것이다.
* 달이 이 남은 각도 약 30도를 마저 도는 데 약 2.21일이 더 걸린다. 결국 이 2.21일은 지구가 공전한 각도 약 30도를 달이 따라가는 데 소요되는 기간이다.

역법에서는 월상의 변화를 중시하여 '삭망월'만 따질 뿐이므로, '항성월'은 직접적으로는 의미가 없다. 스스로 빛을 내지 못하는 달은 공전궤도상의 위치 여하에 따라 자신의 모습을 바꾸어 가며 우리에게 햇빛을 반사해 주는데, 우리는 그 모습의 주기적인 변화를 기초로 달력을 만드는 것이다. 따라서 역법은 월상의 변화에 영향을 미치는 '달과 태양과의 만남[月與日會]'만을 직접적인 고려의 대상으로 삼을 뿐, 달이 지구를 공전하면서 어느 항성과 어떤 주기로 마주치는가 하는 '달과 항성과의 만남[月與天會]'은 직접적인 고려의 대상으로 삼지 않는다.[21]

(2) 달의 1일 운행 도수 — "달은 도는 속도가 더욱 느리어 매일 하늘에 대해 $13\frac{7}{19}$ 도를 미치지 못한다." (「채전(蔡傳)」)

'달의 1일 운행 도수'에 대해 「채전」은 다음과 같이 기술하고 있다.

"달은 하늘에 붙어 있는데 더욱 느리다. 따라서 하루에 언제나 하늘[항성]에 미치지 못하는 정도가 $13\frac{7}{19}$ 도이다." [22]

---

21) 그런데 「채전(蔡傳)」에서는 후술하는 바와 같이 달이 지구를 공전하면서 어느 항성과 어떤 주기로 마주치는가 하는 '달과 항성과의 만남[月與天會]'과 관련하여 '월후천 도수(月後天度數)'에 대해서만 언급하는 반면, 이상하게도 '달과 태양과의 관계[月與日會]'와 관련된 '월후일 도수(月後日度數)'에 대해서는 직접적인 언급을 생략한 채 곧장 달의 공전주기인 삭망일 수에 대하여 말하고 있다. 이 부분에 대한 「채전」의 기술 내용은 아래와 같다.
  『書經大全·堯典』「蔡傳」: "月麗天而尤遲, 一日常不及天十三度十九分度之七. 積二十九日九百四十分日之四百九十九, 而與日會."
22) 『書經大全·堯典』「蔡傳」: "月麗天而尤遲, 一日常不及天十三度十九

지구의 자전으로 인해 달도 역시 태양과 마찬가지로 매일 시계방향으로ー동쪽에서 서쪽으로ー 도는 것으로 보인다.ー즉 달의 일주운동이다.ー 그런데 달은, 매일 동일한 시각에 동일한 장소에서 관찰해 보면, 그 모양이 조금씩 커지거나 줄어지면서 그 위치도 전날에 비해 한 뼘씩(?) 성큼성큼 서쪽에서 동쪽으로 옮겨 가 있음을 알 수 있다. 이처럼 달은 자신의 공전궤도상에서 어느 항성[하늘]에 대해 매일 일정한 간격으로 반시계방향으로ー동쪽 방향으로ー 물러나며 약 한 달 동안에 걸쳐 거꾸로 하늘[天球]을 한 바퀴 돌아 헤어졌던 항성과 다시 만난다[月與天會]. 이는 달 자신이 지구의 주위를 돌며 공전한 결과로 생긴 시운동 현상이다. 이를 달의 '월주운동(月周運動)'이라 이르고, 이때 달이 한 바퀴 도는 천구상의 궤도를 '백도(白道)'라 이른다.

문제는 달이 매일 동쪽 하늘로 이각(離角)을 벌리며 옮겨 가 있는 정도인데, 그것은 '태양'을 기준으로 비교하면 매일 '$12\frac{7}{19}$도' 이다. 따라서 달은 '태양이 황도상에서 1일 간 퇴행하는 각도 1도'ー이는 실제로 '지구가 공전궤도상에서 1일간 전진하는 각도 1도'이다.ー와 비교해 보면 태양보다 '$12\frac{7}{19}$배(倍)'나 더 빠른 속도로 뒤로 물러나는 셈이고, 이는 곧 달의 출몰 시각이 매일 약 49분씩 늦어진다는 말이기도 하다.ー그러므로 '달을 기준으로 한 하루는 태양을 기준으로 한 하루보다 약 49분이 더 길다'고 할 수 있다.ー23) 옛날 사람들은 달의 이러한 월주운동을 두고 "달은 (해와 마찬가지로) 하늘에

分度之七."
23) 달의 출몰이 매일 조금씩 늦어진다는 약 49분의 시간은 평균치일 뿐, 실제로는 약 30분 내지 75분의 범위 내에서 늦어진다. 이는 달이 백도 상에서 부등속 운동을 하는데다 백도 면의 천구 적도면에 대한 기울기도 변동하기 때문이다.

붙어 있는데, 하늘을 도는 속도가 (해보다) 더욱 느리다[月麗天而尤遲]"라고 표현하였다. 이 '느리다'는 표현은 물론 '달이 태양과 마찬가지로 하늘에 붙은 채 왼쪽으로 돈다'는 천동설의 입장에서 나온 것이다. 즉 달의 '천구 상의 전진'이라는 측면에서 파악된 말이다. 그러나 이 '느리다'는 표현은 달의 '퇴행' 즉 '퇴행하여 주천[공전]하는 속도'라는 측면에서 본다면 오히려 '빠르다'라는 말로 고쳐 표현할 수도 있는 것이다. 그리고 태양은 하늘[항성]에 대해 매일 1도씩을 뒤처져[퇴행하여] 미치지 못하므로, 달은 이 '일후천 도수(日後天度數)' 1도를 포함하여 '항성'에 대해서는 매일 '$13\frac{7}{19}$도'씩을 미치지 못하는 셈이 된다. 이것이 '달이 하늘에 미치지 못해[月不及天] 뒤지는 도수' 곧 '월후천 도수(月後天度數)'이다.

여기에서 '월후천 도수'인 '$13\frac{7}{19}$도'를 애당초 어떻게 구했는지 알아보자. 그러기 위해서는 태양과 달이 함께 어느 특정한 시점에, 예컨대 동짓날 자정에, 어느 특정한 항성과 헤어져서 각기 천구를 회전하다가 다시 동짓날 자정에 그 항성과 함께 만나게 되는 주기를 구해 내면 된다. 『주비산경(周髀算經)』에 의하면, 옛날 사람들은 그 주기를 76년으로 파악하였다. 즉 어느 항성을 기준으로 태양이 76회를 공전하고 원점으로 되돌아오게 되면 달은 1,016회를 공전하고 태양과 함께 원점으로 되돌아오게 되어 동짓날 자정에 다시 그 항성을 만나게 되는 것이다. 그러므로 달은 천구를 도는 속도가 하늘[항성]에 비해 '$13\frac{7}{19}$배' 느리다[빠르다]는 값이 나온다.

◦ 월후천 도수 : 항성월 ÷ 항성년 = 1,016(월) ÷ 76(년) = $13\frac{7}{19}$ (도)

이것이 곧 달의 하늘에 대한 느리기[빠르기]를 나타내는 '월후천 도수' 또는 '달의 하늘에 대한 1일 운행 도수'이다.[24] [25] 또 이 76년 동안에 달은 태양과 940회를 만나게 되는데, 이를 1태양년 치로 환산하면 $12\frac{7}{19}$회 만나는 셈이 된다. 이에 1태양년의 삭망월 수는 $12\frac{7}{19}$개월이 되고 1삭망월의 날수는 $29\frac{499}{940}$일이 됨을 아울러 알 수 있다.[26]

◦ 1태양년의 삭망월 수 : 부월 ÷ 부세 = 940(월) ÷ 76(년) = $12\frac{7}{19}$
  (삭망월)

◦ 1삭망월 일수 : $365\frac{1}{4}$(도) ÷ $12\frac{7}{19}$(도) = $29\frac{499}{940}$(일) (29.53085일)

이 방법 외에 '달이 매일 해에 미치지 못하는 도수' 곧 '월후일 도수(月後日度數)'인 '$12\frac{7}{19}$도'를 구해 낸 다음 '해가 매일 하늘에 미치지 못하는 도수' 1도를 더해도 '월후천 도수'가 얻어진다. '월후일 도수'는 곧 '월후천 도수'에서 '일후천 도수' 1도를 뺀 도수이다. 1태양년의 길이와 12삭망월의 길이가 서로 일

---

24) 『周髀算經』卷下之三 : "於是日行天七十六周, 月行天千一十六周, 及合於建星, 置月行後天之數, 以日後天之數除之, 得十三度十九分度之七, 則月一日行天之度."

25) 하늘에 대한 달의 느리기[빠르기]는 계산상으로만 보면 이러하다. 『주비산경』이 만들어진 당시에는 세차(歲差)에 대한 이해가 없었고, 따라서 항성년과 태양년의 길이가 동일한 것으로 간주되었다. 그러나 세차를 고려하면 76년의 세월이 흐르는 동안에 항성년으로는 태양년에 비해 약 1일이 더 생기게 된다. 즉 76항성년은 약 27,759.5일이고, 76태양년은 약 27,758.4일이다.

26) 『周髀算經』卷下之三 : "復置七十六歲之積月, 以七十六歲除之, 得十二月十九分月之七, 則一歲之月. 置周天度數, 以十二月十九分月之七除之, 得二十九日九百四十分日之四百九十九, 則一月日之數."

치하지 않으므로, 이 경우에도 태양과 달이 특정한 시점에, 예
컨대 동짓날에 함께 출발하여 천구상을 운행하다가 이들이 원
래의 출발점이라 할 수 있는 동짓날에 다시 함께 만나게 되는
주기를 구하는 것이 해결의 관건이다. 옛날 사람들은 그 주기를
19년으로 파악하고 이를 '1장(一章)'이라 일렀다. 이 '1장' 동안
에 태양은 19회를 주천(周天)하고ㅡ이 19태양년을 장세(章歲)라 이른
다.ㅡ 달은 235회를 주천한다.ㅡ이 235삭망월을 장월(章月)이라 이른다.ㅡ
즉 19태양년과 235삭망월은 각각 '6,939 $\frac{3}{4}$ 일'로서 서로 그 길이
가 동일한 것이다.ㅡ비유컨대, 똑같은 거리[길이]를 놓고 똑같은 시간 내에
달리되, 태양이라고 하는 큰 굴렁쇠는 19회 굴러 도착하고 달이라고 하는 작은
굴렁쇠는 235회를 굴러 도착한다.ㅡ 따라서 235장월을 19장세로써
나누면 달의 태양에 대한 느리기[빠르기]가 나오는데, 이것이 곧
'12 $\frac{7}{19}$ 도'로서 '월후일 도수' 곧 '달의 해에 대한 1일 운행 도
수'이다. '월후천 도수'는 여기에 해가 하늘에 뒤지는 '일후천
도수' 1도를 가산하여 '13 $\frac{7}{19}$ 도'를 얻게 된다.[27] '월후천 도수'가
'13 $\frac{7}{19}$ 도'라 함은 곧 '19태양년'은 '254항성월'과 길이가 같다는
뜻이기도 하다. 역법에서는 물론 '월후일 도수'와 '1삭망월'만이
직접적인 고려의 대상이다.

○ 월후일 도수 : (장월 수 × 365 $\frac{1}{4}$ 도) ÷ (장세 수 × 365 $\frac{1}{4}$ 도)

$$= (235 × 365\frac{1}{4} 도) ÷ (19 × 365\frac{1}{4} 도)$$

$$= 12\frac{7}{19} 도$$

---

27) 『周髀算經』 卷下之二 : "置章月二百三十五, 以章歲十九除之, 加日行
一度, 得十三度十九分度之七."

◦ 월후천 도수 : 월후일 도수 $12\frac{7}{19}$ 도 + 일후천 도수 1도

$$=\frac{254}{19}\text{도}=13\frac{7}{19}\text{도}$$

장월을 장세로써 나눈 값 '$12\frac{7}{19}$'은 '월후일 도수' 곧 '달의 1일 운행 도수'임과 동시에 '1태양년 속의 삭망월 수'도 된다.

◦ 1태양년의 삭망월 수 (1) : 장월 수 ÷ 장세 수

$$=235(\text{월}) \div 19(\text{년}) = 12\frac{7}{19}(\text{삭망월})$$

(2) : 1태양년의 날수 ÷ 1삭망월의 날수

$$=365\frac{1}{4}(\text{일}) \div 29\frac{499}{940}(\text{일})$$

$$=12\frac{7}{19}(\text{삭망월})$$

주천도수를 월후일 도수와 월후천 도수로써 나누면 각각 1삭망월과 1항성월의 길이가 구해진다.

◦ 1삭망월 : $365\frac{1}{4}(\text{도}) \div 12\frac{7}{19}(\text{도}) = 29\frac{499}{940}(\text{일})$ (29.53085일)

◦ 1항성월 : $365\frac{1}{4}(\text{도}) \div 13\frac{7}{19}(\text{도}) = 27\frac{327}{1,016}(\text{일})$ (27.32185일)

'1장'의 길이를 날수로 계산해 보면 19태양년과 235삭망월이 모두 6,939.75일로서 서로 동일함을 알 수 있는데, 그 계산식은 다음과 같다.

◦ 19태양년 : $365\frac{1}{4}(\text{일}) \times 19(\text{년})$

$$=6,939\frac{3}{4}(\text{일})\ (6,939.75\text{일})$$

◦ 235삭망월 : $29\frac{499}{940}(\text{일}) \times 235(\text{월})$

$$=6,939\frac{705}{940}(일)\ (6,939.75일)^{28)}$$

또 '1장(一章)'은 19태양년 속에 7윤월을 포함한 235태음월이 들어 있다는 말이 된다. 즉 235태음월 속에는 7번의 윤달[閏月]이 들어 있다.-(235태음월=19 × 12태음월+7태음월)- 따라서 '1장'이라 함은 곧 12달로써 1년을 삼는 역법에서 윤달의 위치가 반복되는 주기라고 할 수 있다. 태음력에서 19년 동안에 7번의 윤달을 넣음으로써 태양력과 일치시켜 계절을 맞춘다는 이 '19년 7윤법'도 역시 중국에서 춘추시대인 B.C. 600년경에 확립된 것이라 한다. 서양에서는 이를 그리스의 메톤(Meton, B.C. 5세기경)이 발견한 주기라 하여 '메톤 주기(Meton 週期)'라고 일컫는다.

19년의 주기를 쓸 경우 윤달을 넣어 계절을 맞추는 데는 지장이 없지만, 1장(一章)의 일수 '$6,939\frac{3}{4}$일'이 1일의 정배수가 아니므로 19년 뒤부터는 역법상 매년 동일한 날짜와 동일한 시각이 종전의 상응하는 시점과 어긋나게 되는 문제가 생기게 된다. 여기에서 1년의 날수 및 1장의 날수에 붙어 있는 우수리 $\frac{1}{4}$일과 $\frac{3}{4}$일을 각각 1일의 정수 배로 만들기 위해, 장법(章法)의 장세와 장월을 모두 4배로 만드는 부법(蔀法)이 나오게 되었다. 즉 장세 19년을 4배하여 76년이라는 부세(蔀歲)를 만들고 235장월을 마찬가지로 940부월(蔀月)로 만듦으로써 부일(蔀日)이 정수인 27,759일이 되어, 역법상의 날짜와 시각이 76년을 주기로 매년

---

28) 19태양년과 235삭망월의 현재치는 다음과 같다.(양자 간의 차이는 약 0.0868일이다.)
    19태양년 : 365.242190(일) × 19(년)=6,939.6016(일)
    235삭망월 : 29.530589(일) × 235(월)=6,939.6884(일)

일치하게 되는 것이다.

1태양년의 길이를 $365\frac{1}{4}$일로, 그리고 1삭망월의 길이를 $29\frac{499}{940}$일로 각각 정하여 19태양년과 235삭망월의 길이를 같은 것으로 보고 19년 7윤법을 쓰되, 19년을 4배로 하여 76년을 1부세로 만듦으로써 76년을 주기로 날짜·계절·윤달·대소월 등이 동일하게 반복되도록 한 이 역법을 '사분력(四分曆)'이라 일컫는다. ―이는 1태양년의 길이를 $365\frac{1}{4}$로 한 데서 붙여진 이름이다.― 이것이 확립된 시기는 대개 기원전 5세기 중기경으로, 춘추시대(春秋時代)의 말기에 해당한다.―그 시기를 전국시대(戰國時代) 중기로 보는 견해도 있다.―29) 후한(後漢) 장제(章帝) 때에 시행한 『사분력(四分曆)』(서기 85년)은 그 앞의 『태초력(太初曆)』(B.C. 104)과 『삼통력(三統曆)』(B.C. 7)을 수정하여 만든 관력(官曆)으로, 이와 이름이 같다. 따라서 전자를 '선진 사분력(先秦四分曆)'이라고 구별하여 부르

---

29) 중국의 주(周) 나라는 기원전 1066년(?)부터 기원전 256년까지 약 800년 동안 존속하였는데, 유왕(幽王) 때(기원전 771년)까지를 서주(西周)라 이르고 평왕(平王)이 즉위하여 동쪽의 낙읍(洛邑)으로 천도(遷都)한 기원전 770년 이후를 동주(東周)라 이른다. 오늘날의 역사가들은 이때부터 기원전 476년(周 敬王 44년)까지의 295년간을 '춘추시대(春秋時代)'로 본다. 그러나 유가(儒家)에서는 공자(孔子)가 지은 『춘추(春秋)』의 기사(記事) 범위에 따라 기원전 722년(周 平王 49년, 魯 隱公 1年)부터 기원전 481년(周 敬王 39년, 魯 哀公 14年)까지의 242년간을 '춘추시대'라고 한다.

　'전국시대(戰國時代)'는 대개 기원전 475년(周 元王 元年)부터 기원전 221년[진(秦)의 시황제(始皇帝) 26년]까지를 이른다. 한편, 주(周) 나라가 위열왕(威烈王) 23년 때(B.C. 403) 제후국(諸侯國)의 하나인 진(晉) 나라를 그 신하인 3경(三卿)들이 한(韓)·위(魏)·조(趙)로 쪼개어 차지한 사실을 승인해 주고 그들을 각각 제후(諸侯)로 승격시켜 준 이래, 모든 제후국은 끊임없이 전쟁을 일삼다가 기원전 221년에 이르러 진(秦) 나라의 시황제에 의해 모두 병합·통일되었다. 그러므로 보는 이에 따라서는 B.C. 403년부터 B.C. 221년까지의 183년간을 '전국시대'로 치기도 한다.

기도 한다.

- 76부세=940부월=27,759일
- 940부월 ÷ 76부세 = $12\frac{7}{19}$ 도 = 월후일 도수
- 940부월 ÷ 76부세 = $12\frac{7}{19}$ 삭망월 = 1태양년
- 27,759부일 ÷ 940부월 = $29\frac{499}{940}$ 일 = 1삭망월
- $365\frac{1}{14}$ 일 ÷ $12\frac{7}{19}$ 삭망월 = $29\frac{499}{940}$ 일 = 1삭망월

장법과 부법과의 관계를 다시 요약, 정리하면 다음과 같다.

$$1년 = 12\frac{7}{19} 월 = \quad 365.25일$$
$$1장 = 19년 = \quad 235월 = 6,939.75일$$
$$1부 = 4장 = 76년 = \quad 940월 = \quad 27,759일$$

여기에 다시 날짜의 60간지(干支)가 같아지는 주기를 구하기 위해 '1부(蔀)'를 20배 하여 '1기(紀)'라 하고, 또 해[年]의 간지까지 같아지는 주기를 구하기 위해 '1기'를 3배 하여 '1원(元)'이라 하였다. — 이를 각각 기법(紀法)·원법(元法)이라 이른다. — 이것이 전국시대에 이르러 한층 더 완비된 선진 사분력의 기본구조이다.

$$1기 = 20부 = 80장 = 1,520년 = 18,800월 = \quad 555,180일$$
$$1원 = 3기 = 60부 = 240장 = 4,560년 = 56,400월 = 1,665,540일$$

여하튼 동일한 기간 내에서의 달과 태양의 주천 횟수가 각각

<삽화 8. 별과 해와 달>

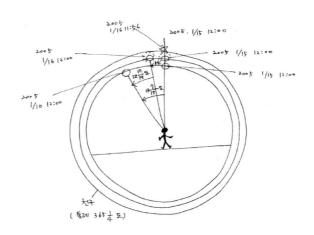

① 어느 별과 태양과 달이 2005년 1월 15일 12:00 에 동일한 적경 (赤經)에 위치하였다고 가정할 경우, 그 별은 1월 16일 11:56 에 하늘 [천구]을 시계방향으로 완전히 한 바퀴 돌아서 동일한 적경에 위치하게 되고, 태양은 같은 날 12:00 에 하늘을 시계방향으로 거의 한 바퀴 돌아서 동일한 적경에 위치하게 되어 별과의 사이에 1도의 거리가 벌어지게 된다.

② 한편 달은 1월 16일 12:00 에 하늘을 다 못 돈 상태에서 항성에 대해 $13\frac{7}{19}$ 도 만큼 뒤쳐져 있게 되고 태양에 대해 $12\frac{7}{19}$ 도 만큼 뒤쳐져 있게 된다. 다시 말해 달은 같은 시각 별에 비해 $13\frac{7}{19}$ 도 만큼 동쪽 하늘로 물러나 있고, 태양에 비해 $12\frac{7}{19}$ 도 만큼 동쪽 하늘로 물러나 있게 된다. 물러난 각도를 각각 시간으로 환산하면 $13\frac{7}{19}$ 도는 약 53분이고, $12\frac{7}{19}$ 도는 약 49분이다.

③ 천구의 둘레 즉 주천도수 (周天度數)는 $365\frac{1}{4}$도이다. 그러므로 달이 하늘을 거꾸로 [반시계 방향으로] 한 바퀴 도는 데는 다음과 같은 날 수가 소요된다.

   a) 별을 기준으로 할 경우의 날 수 [헤어졌던 별을 다시 만나게 되는 기간]

   $365\frac{1}{4}$ (도) $÷$ $13\frac{7}{19}$ (도) $≒$ 27.32 (일)

   b) 해를 기준으로 할 경우의 날 수 [헤어졌던 해를 다시 만나게 되는 기간]

   $365\frac{1}{4}$ (도) $÷$ $12\frac{7}{19}$ (도) $≒$ 29.53 (일)

파악될 경우, 달의 주천 횟수를 태양의 주천 횟수로써 나누면 달의 태양에 대한 빠르기의 비율이 나온다.―태양의 1일 운행 도수가 1도이므로, 태양의 빠르기의 비율은 1로 볼 수 있다.― 달의 태양에 대한 빠르기의 비율은 곧 '한 해[年]의 삭망월 수'이자 '달의 해[日]에 대한 1일 운행 도수[月後日度數]'이다.

$$\circ \ \frac{235}{19} = \frac{940}{76} = \frac{18,800}{1,520} = \frac{56,400}{4,560} = 12\frac{7}{19}(월 \cdot 도)$$

역법에서 필요로 하는 '달의 1일 운행 도수'는 태양을 기준으로 한 '월후일 도수'만이고, 항성을 기준으로 한 '월후천 도수'는 불필요하다. 「채전(蔡傳)」에서 '월후천 도수' $13\frac{7}{19}$도를 말한 것은 결국 '월후일 도수' $12\frac{7}{19}$도를 말하기 위해서일 것이다. 그러나 「채전」은 '월후천 도수' $13\frac{7}{19}$도만 말하였을 뿐, 정작 역월의 계산 기초가 되는 '월후일 도수'에 대해서는 직접적인 언급을 하지 않은 채 막 바로 달의 공전주기인 삭망일 수에 대하여 말하고 있다. 즉 삭망일 수를 설명하기에 앞서서, "'일후천 도수' 1도를 '월후천 도수'에서 빼 줌으로써 '월후일 도수'를 구해야 한다"는 취지의 설명을 하지 않고 생략해 버린 것이다. 이는 일견 논리적인 비약을 범한 것으로 비쳐져 보이며, 결국 이 때문에 '기삼백(朞三百)' 구절을 대부분의 사람들이 더욱 난해한 내용으로 인식하게 되지 않았을까 생각된다.

(3) 달의 공전주기 ─ "$29\frac{499}{940}$일을 쌓아서 달이 해와 만나게 된다." (「채전(蔡傳)」)

「채전」은 또 '달의 1일 운행 도수' 즉 '월후천 도수' $13\frac{7}{19}$도를 말한 데에 이어서 '달의 공전주기'에 대해 다음과 같이 기술하고 있다.

"그리하여 (한 달 동안) $29\frac{499}{940}$일을 쌓아서 달이 해와 만나게 된다." 30)

태양을 기준으로 달이 백도상에서 1일간 뒤로 물러나며 동진(東進)하는 도수, 즉 달의 공전궤도상에서의 1일 운행 도수가 $12\frac{7}{19}$도임은 앞에서 보았다. 이 $12\frac{7}{19}$도는 달이 태양과 헤어져 1일 동안 뒤로 운행하는 도수이므로, 달이 매일 태양으로부터 $12\frac{7}{19}$도씩 거꾸로 운행하여 $29\frac{499}{940}$일을 쌓으면 자신의 공전궤도인 '백도'를 한 번 일주하고 다시 태양과 만나게 되어[月與日會] '1삭망월'을 이루게 된다.

이를 계산식으로 나타내면,

◦ $12\frac{7}{19}$(도) × $29\frac{499}{940}$(일) = $365\frac{1}{4}$(도) (주천도수)

가 된다. 이 $365\frac{1}{4}$도는 '달의 주천도수'로서, 달이 지구를 도는

─────────────

30) 『書經大全・堯典』「蔡傳」 : "積二十九日九百四十分日之四百九十九, 而與日會."

'공전궤도'를 태양의 위치를 기준점으로 삼아 1회 회전[주천]함으로써 '1삭망월'을 이룸과 동시에 '다시 태양과 만나게 됨[月與日會]'을 뜻한다. 바꾸어 말하면 달이 주천도수 $365\frac{1}{4}$도의 천구를 매일 $12\frac{7}{19}$도씩 운행할 경우 그 1회 주천[공전]에 소요되는 '1삭망월'의 일수가 $29\frac{499}{940}$일이라는 말이 성립된다.

∘ $365\frac{1}{4}$(도) ÷ $12\frac{7}{19}$(도) = $29\frac{499}{940}$(일) (1삭망월)

달이 지구를 한 번 공전하여 태양과 다시 만나게 되는 데 소요되는 기간은 날[日]수로 환산하면 $29\frac{499}{940}$일(29.530851일)이고, 달[月]수로 표현하면 '1삭망월(朔望月)'이다.

참고로, 달이 '월후일 도수' $12\frac{7}{19}$도를 운행하는 데 소요되는 시간을 기초로 '달의 1회 공전에 소요되는 시간'을 한번 따져 보자. 달이 자신의 공전궤도상에서 1일 동안 뒤로 물러나 퇴행하는 도수는 $12\frac{7}{19}$도이고, 이 도수만큼 물러나는 데 소요되는 시간은 약 49분이다. 이에 따라 달은 매일 약 49분씩 늦게 뜨게 되므로, 이렇게 늦게 뜨는 시간을 매일 쌓아 나가서 1삭망월 약 29.53일이 되면 총 24시간이 늦어지게 되는 결과 달은 원래의 출발점으로 되돌아 와서 1회의 공전을 마친다는 계산이 나온다.

즉, 달이 $365\frac{1}{4}$도의 천구를 온전히 한 바퀴 주천하는 데에는 24시간이 소요되므로, ― 달의 주천도수는 해의 주천도수와 마찬가지로 $365\frac{1}{4}$도이다. ― 1일간 $12\frac{7}{19}$도만을 운행하는 데 소요되는 시간은

<삽화 9. 삭(朔)과 망(望)>

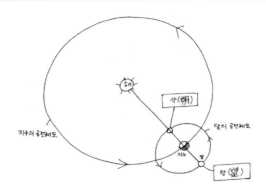

① 삭 (朔) : 달이 자신의 공전궤도 상에서 지구와 태양 사이에 놓인 채 태양과
황경 (黃經) 이 동일하게 된 상태를 이른다. 이는 그믐이 막 끝나고 초하루가
시작되는 싯점이다. 역 (曆) 에서는 삭 (朔) 이 발생한 시각이 속해 있는
날을 초하루로 친다.

② 망 (望) : 달이 자신의 공전궤도 상에서 지구를 사이에 두고 태양과 정반대
쪽에 놓인 상태, 가장 둥근 보름달이 된 싯점을 이른다. 이는 음력 15일과
반드시 일치하지는 않는다. '망 (望)' 은 '달이 태양을 바라본다' 는 뜻이다.

③ 삭망월 (朔望月) : 삭 (朔) 과 망 (望) 을 한 번씩 거친 달, 곧 '음력 한 달' 을
이른다. 1삭망월은 약 29.53 일이고, 1 태양년은 약 $12\frac{7}{19}$ 삭망월 이다.

④ 해와 달의 운행 속도 비율 — 반시계방향으로 주천 (周天) 하는 속도의 비율.
태양과 달은 합삭으로부터 매일 동쪽 하늘로 [거꾸로] 조금씩 멀어지는데, 이들이
멀어지는 속도의 비율을 정확하게 계산해 내는 것이 역법의 관건이다.

$$해 : 달 = 1 : 12\frac{7}{19} = 19 : 235$$
$$= 76 : 940 = 1,520 : 18,800 = 4,560 : 56,400$$

◦ $(24시간 \times 60분) \times (12\frac{7}{19}도 \div 365\frac{1}{4}도) = 48.76(분)$

이 된다. 그러므로 매일 약 49분씩을 1삭망월 동안 쌓으면 결국 1회의 주천(공전)을 완료함과 동시에 24시간을 소비하게 되는 것이다.

◦ $48.76(분) \times 29.53(일) = 1,440(분) = 24(시간)$

달의 일주운동(日周運動)을 기준으로 한 하루의 길이, 즉 1태음일(太陰日)의 길이는 해의 1회 주천도수 $365\frac{1}{4}$도에다 달의 퇴행도수 $12\frac{7}{19}$도를 더한 길이이므로 24시간에 48.76분을 더 보태면 된다. 이리하여 1태음일의 길이가 약 24시간 48.76분이므로, 1삭망월 동안의 태음일 수는 약 28.56일이 됨을 알 수 있다. 다시 말해 1삭망월 동안에 일어나는 달의 일주운동 횟수-즉, 월남중(月南中) 횟수이다.-는 약 28.56회인 것이다.

◦ $24(시간) \times 29.53(태양일) = 708.72(시간)$
◦ $708.72(시간) \div 24.813(시간) = 28.56(태음일)$ (월남중 횟수)
◦ $365\frac{1}{4}도 \times 29.53태양일 \div (365\frac{1}{4}도 + 12\frac{7}{19}도) = 28.56(태음일)$

'달이 해와 만난다[月與日會]' 함은 달이 자신의 공전궤도상에서 지구와 태양 사이의 일직선이 되는 지점에 일치하여 놓인 상태, 즉 달과 태양의 황경(黃經)이 동일한 상태를 의미한다. 이를 '삭(朔)' 또는 '합삭(合朔)'이라 일컫는데, 이는 막 '그믐[晦]'이 끝나고 '초하루[朔]'가 시작되는 시점이다. 달이 태양을 만나는 합삭의 상태를, 일식(日蝕)이 일어나지 않는 한, 실제로는 햇빛을 반사할 수 없는 달의 위치와 더불어 강렬한 햇빛 때문에 우리의 육안으로 볼 수가 없다.

(4) 1년의 날수 ― "달이 해와 12번을 만나 $354\frac{348}{940}$ 일이 된다." (「채전(蔡傳)」)

이는 태음력(太陰曆)상의 1년의 날수를 계산하는 문제이다. 이 문제와 이에 관련된 부분에 대한 설명은 다음 장의 역법(曆法)에서 다루기로 하겠다.

※ 하늘·태양·달의 운행주기 요약표

다음 장(章)에서 살펴볼 역법에 대한 이해를 돕기 위해, 지금
까지 본 태양과 달의 운행 주기에 관련된 각종 수치를 간단히
정리하면 다음 표와 같다. 태양의 운행은 곧 지구의 운행이다.

구 분	하늘의 도수 *1)	1일의 운행 도수	1년 (a)	19년 (a×19배) 1장(章)	76년 (1장×4배) 1부(蔀)
태양 (A)	$365\frac{1}{4}$도	1도	$365\frac{1}{4}$일	$6{,}939\frac{3}{4}$일	27,759일
달 (B)	$365\frac{1}{4}$도	$12\frac{7}{19}$도 *2)	$12\frac{7}{19}$월 *3)	235월	940월
1달의 날수 ($\frac{A}{B}$)			$29\frac{499}{940}$일	$29\frac{499}{940}$일	$29\frac{499}{940}$일

*1) 하늘의 도수[周天度數] : 하늘의 둘레를 도수(度數)로 나타낸 것인데,
1년의 날수[日數]인 $365\frac{1}{4}$과 같다. 지구에서 태양을 바라볼 때, 황도
(黃道)상에서 태양이 어느 항성(恒星)을 기준으로 매일 1도씩 꾸준
히 동쪽 방향으로 간격[離角]을 벌려 천구를 거꾸로 한 바퀴 돌고
그 항성과 다시 만나는 데 걸리는 기간인 1년의 날수를 주천도수
(周天度數)로 간주한 것이다. 이는 지동설의 입장에서 말하면, 바로
지구가 태양의 주위를 한 번 공전하는 데 걸리는 기간인 1년의 날
수를 도수로 본 것이다. 그리고 달이 1삭망월(朔望月) 동안 지구를
공전하는 도수도 또한 이와 같다.
*2) 달의 1일 운행 도수 : 천구상에서 달이 하루 동안 태양으로부터 동
쪽으로 멀어지는 간격[離角]을 도수로 나타낸 것이다. 19년과 235
삭망월, 76년과 940삭망월은 각각 서로 길이가 같으므로, 달수를
햇수로써 나누면 태양이 1도를 운행하는 데 대한 달의 운행 도수

$12\frac{7}{19}$ 도가 나온다. 태양은 1일에 1도를 운행하므로, 달은 1일에 $12\frac{7}{19}$ 도를 운행하는 셈이 된다. 또 달은 태양으로부터 매일 $12\frac{7}{19}$ 도씩 동쪽으로 멀어져서 한 달(약 29.53일) 만에 하늘을 한 바퀴($365\frac{1}{4}$ 도)돌아서 제자리로 온다. 이로써 한 달의 날수를 구하면 $29\frac{499}{940}$ 일이 된다.

◦ 달의 1일 운행 도수 : 235월 ÷ 19년 = 940월 ÷ 76년 = $12\frac{7}{19}$ 도
◦ 1달의 날수 : $365\frac{1}{4}$ 도 ÷ $12\frac{7}{19}$ 도 = $29\frac{499}{940}$ 일

*3) 달이 1년 동안 운행하는 데 생기는 달수[1년의 삭망월 수] : 이는 천구상에서 달과 태양 사이에 생기는 1일간의 도수[離角]인 '달의 1일 운행 도수'와 같다. 왜냐하면 태양의 주천도수─지구가 자신의 공전궤도상에서 1년 동안 태양 주위를 1회 공전하는 도수─나 달의 주천도수─달이 자신의 공전궤도상에서 1삭망월 동안 지구 주위를 1회 공전하는 도수─가 모두 $365\frac{1}{4}$ 도이기 때문이다.

◦ 1년 동안의 달수 : $365\frac{1}{4}$ 일 ÷ $29\frac{499}{940}$ 일 = $12\frac{7}{19}$ 삭망월
◦ 달의 1일 운행 도수 : $365\frac{1}{4}$ 도 ÷ $29\frac{499}{940}$ 일 = $12\frac{7}{19}$ 도

3. 역법(曆法)

1) 역(曆)의 종류와 문제점

(1) 역(曆)의 종류

천체의 운행에는 누구나 알 수 있는 3가지의 뚜렷한 주기가 있는데, 그것은 곧 하루와 한 달, 그리고 1년이다. '하루'는 '태양이 남중(南中)한 다음 다시 남중할 때까지의 시간'—지구의 자전 주기—이고, '한 달'은 '달이 삭(朔)에서 망(望)을 거쳐 다시 삭에 이르는 기간'—달의 공전주기—이며, '1년'은 '태양이 황도를 일주하는 데 걸리는 기간' 또는 '계절이 한 번 순환하는 주기'—지구의 공전주기—이다. 다시 말해, 일(日)은 태양에 의해, 월(月)은 달에 의해, 년(年)은 회귀년에 의해 결정되는 것이라고 할 수 있다.—실제 우리가 사용하는 1년은 평균태양을 기준으로 한 평균태양년 즉 회귀년이고, 별[항성]의 1회 주천을 기준으로 한 항성년이 아니다.— 이러한 천체의 운행 주기를 시간 단위로 구분하여 사용하는 방법이 바로 역법(曆法)이다.

역법은 위의 3가지 주기 중에서 어느 것을 기초로 삼느냐에 따라 보통 태음력(太陰曆), 태양력(太陽曆), 그리고 태음태양력(太陰太陽曆)으로 분류된다. ① '태음력'은 계절의 변화를 무시하고 순전히 달의 삭망 주기에만 기초하여 만든 역(曆)으로, 1년이 29일의 작은달 6개월과 30일의 큰달 6개월로 구성된 12개월 354일(또는 355일)로 짜인다.—오늘날의 대표적인 태음력으로는 이슬람력이 있다.— ② '태양력'은 춘하추동의 계절 주기만 기초로 삼고 달의 삭망 주기는 전혀 고려하지 않은 채 만든 역으로, 1년의 길이를 1태양년인 365.2422일로 삼는다. 따라서 1역년(曆年)을 평년에는 365일로 하되 대개 4년마다 1일의 윤일(閏日)을 둔다. ③ 이에 대해 '태음태양력'은 달의 삭망 주기와 계절의 변화 주기를 다 고려하여 만든 역이다. 이 역의 평년은 큰달과 작은달로 구성된 12개월 약 354일로 만듦으로써 달의 삭망 주기를 충실히 반영해 주는데, 이는 태음력의 성격을 띤 것이다. 또 윤년은 약 3년마다 평년의 달수에 윤달[閏月] 1개월이 덧붙여진 13개월 약 384일로 만듦으로써 4계절의 변화와 부합시켜 나가는데, 이는 태양력의 성질을 띤 것이다. 특기할 것은, 동양의 태음태양력에서는 전국시대(戰國時代) 이래로 약 15일마다 '24절기(節氣)'를 1개씩 배치함으로써 태양력상의 계절 주기를 정확히 나타내 주었다는 점이다.—전국시대 말기에 쓰인 것으로 알려진 『여씨춘추(呂氏春秋)』에 입춘·춘분 ……입동·동지 등 8개의 절기 이름이 보인다. 24절기의 명칭이 모두 나오는 것은 전한(前漢) 때의 『회남자(淮南子)』가 그 시초이다.— 농경 사회에서 농작물의 경작은 적절한 시기를 놓치면 아니 되기 때문에 이러한 배려가 있었던 것으로 보인다.

이들 가운데 우리가 전통적으로 사용해 온 역법은 보통 '음력 (陰曆)' 또는 '농력(農曆)'이라고 일컬어지는 태음태양력이다.

(2) 태음태양력상의 문제점

태음태양력에서 문제가 되는 것은 삭망월을 기초로 하는 태음력이 춘하추동의 계절과 조금씩 어긋나게 되므로 규칙적으로 윤달[閏月]을 두어야 한다는 점과, 달이 차고 기우는 한 달의 주기(약 29.53일)와 계절이 순환하는 1년의 주기(약 365.25일)가 모두 1일의 정배수가 아니어서 그 계산이 복잡하다는 점이다.

달력[曆]에서 한 달의 날수와 1년의 날수는 1일의 정수 배여야 한다. 현재 태음태양력에서 1삭망월의 길이는 29일이거나 30일이다. 또 1년의 길이는 태양력에서는 365일이거나 366일이고, 태음태양력에서는 약 354일이거나 약 384일이다. 해와 달의 운행에 따른 1년의 길이에서 평년의 경우 약 11일(약10.88일)간의 차이가 생기는 것이다. 그러므로 태음태양력에서 계절의 주기와 일치하는 달력을 만들기 위해서는 우선 1태양년과 1삭망월의 길이를 정확하게 파악하는 것이 문제이다. 그리고 이를 기초로 계절의 변화 주기와 달의 삭망 주기를 어떻게 일치시켜 나가느냐 하는 문제, 즉 태음력상 윤달을 어떻게 안배하여야 하느냐 하는 태양력과 태음력 간의 상호 관계도 문제이다.

윤달을 넣는 문제는 대개 1삭망월의 날수인 $29\frac{499}{940}$일 및 1년의 날수인 $365\frac{1}{4}$일의 최소공배수 $6,939\frac{3}{4}$일을 구함으로써 해결될 수 있었다. 이 약 6,940일은 소위 1장(一章)으로 일컬어지는

길이의 날수로, 이 날수를 주기로 19태양년과 235삭망월의 길이
가 일치하게 되어 해와 달의 운행이 원점에서 다시 시작되는
것이다. 즉 1장 19년은 정수(整數)로 나누어떨어지는 삭망월 수
와 같은 길이에 해당하는 태양년의 최소 횟수이다. 따라서 235삭망
월은 12개월을 1년으로 치는 역법에서 19년 중에 7회의 윤월을 더
넣음으로써(19년×12월+7월) 계절에 맞출 수 있음을 의미한다.

2) 1년의 날수와 윤율(閏律)

(1) 1년의 날수 — "달이 해와 12번을 만나 $354\frac{348}{940}$ 일이
된다." (「채전(蔡傳)」)

이는 1태음년(太陰年)상의 날수를 구하는 방법에 대한 해설인
데, 「채전(蔡傳)」의 내용을 그대로 따다 옮기면 다음과 같다.

"달이 해와 12번을 만나게 되면 온전한 날 348일을 얻게 되고,
그 나머지 $\frac{499}{940}$ 일의 합산치가 또 $\frac{5,988}{940}$ 일이 된다. 일법(日法)
940으로써 1일을 구하는 분모로 삼아 이 합산치를 나누면 6일을
얻게 되고, 다 나누어지지 않은 여분이 $\frac{348}{940}$ 일이다. 이에 얻게되
는 날수를 통합하여 계산하면 $354\frac{348}{940}$ 일(354.370213일)이 된다. 이
것이 1년 동안 달이 운행하는 도수이다." [1]

---

1) 『書經大全·堯典』「蔡傳」: "十二會, 得全日三百四十八, 餘分之積又

앞에서 이미 1삭망월의 날수는 그 계산식이

$$365\frac{1}{4}(\text{도}) \div 12\frac{7}{19}(\text{도}) = 29\frac{499}{940}(\text{일})\ (1\text{삭망월})$$

임을 보았다. 이를 기초로 1태양년의 삭망월 수를 구해 보면,

$$365\frac{1}{4}(\text{일}) \div 29\frac{499}{940}(\text{일}) = 12\frac{7}{19}(\text{삭망월})$$

이 된다. ─1년의 삭망월 수는 곧 달의 1일 운행 도수와 같다. 이는 태양의 주천도수와 달의 주천도수가 같기 때문이다.─ 1태양년의 삭망월 수는 '$12\frac{7}{19}$월'이지만, 1태음년에서는 평년(平年)인 경우 온전한 달수 '12월'만 취하고 그 나머지 '$\frac{7}{19}$월'은 내버려 두었다가 윤달을 만들어 넣는 데 쓴다.

그러므로 "달이 해와 12번을 만난다. …… 이것이 1년 동안 달이 운행하는 도수이다." 함은 1삭망월의 날수 '$29\frac{499}{940}$일'과 1태양년 중의 온전한 삭망월 수 '12개월'만을 기초로 '평년의 1태음년상의 날수'를 구하는 방법을 설명한 것이다. 그 계산식은

$$1\text{삭망월의 날수 } 29\frac{499}{940}\text{일} \times 1\text{년의 삭망월 수 } 12\text{월}$$
$$= 354\frac{348}{940}\text{일}$$

이 된다. 그런데 「채전」에서는 이 계산식을 다음과 같이 친절하게 정수 부분과 분수 부분으로 하나하나 나누어 설명하고 있다. 여기에서 '일법(日法)'이라 함은 '1일을 구하는 분모(分母)'를 이

─────────────

五千九百八十八. 如日法九百四十而一, 得六, 不盡三百四十八. 通計得日, 三百五十四九百四十分日之三百四十八. 是一歲月行之數也."

르는데, 그것은 곧 '940'이다.

$$온전한\ 날수 : 29(일) \times 12(삭망월) = 348(일)\ (a)$$

$$나머지\ 날수 : \frac{499}{940}(일) \times 12(삭망월)$$

$$= \frac{5,988}{940}(일) = 6(일) + \frac{348}{940}(일)\ (b)$$

$$1태음년의\ 날수 : (a) + (b) = 354\frac{348}{940}(일)$$

지금 구한 '$354\frac{348}{940}$일(354.370213일)'이 바로 '1태음년의 평년의 날수'이며, 또한 인위적으로 제정한 '달의 1년간 운행 도수'이기도 하다.[2]

(2) 윤율(閏率) ─ "1년의 윤율은 $10\frac{827}{940}$일이다." (「채전(蔡傳)」)

이에 대한 「채전(蔡傳)」의 해설 전문은 다음과 같다.

"한 해에는 12개월이 있고 한 달에는 30일이 있으니, 360일은 1년의 날수를 정하는 상수(常數)이다. 그러므로 해가 하늘[항성]과 만나면서' [日與天會] $5\frac{235}{940}$일(5.2500일)을 남기게 된 것이 기영(氣盈)이고, '달이 해와 만나면서' [月與日會] $5\frac{592}{940}$일(5.6298일)을 못 채우게 된 것이 삭허(朔虛)이다. 이 기영과 삭허를 합하여 윤달이 생기게 되므로, 1년의 윤율(閏率 : 윤달로 산입되는 몫)은 $10\frac{827}{940}$일(10.8798일)이다." [3]

---

2)   '1태음년'의 길이는 오늘날의 값이 354.367058일로, 「채전」의 길이 354.370213일에 비해 약 0.003155일이 적다. 또 그것은 1태양년의 길이 365.242190일에 비하면 약 10.875132일이 부족하다.

3)   『書經大全・堯典』「蔡傳」: "歲有十二月, 月有三十日. 三百六十者, 一

　　역법에서 1년의 달수를 12개월로, 1개월의 날수를 30일로 각 각 정한다면, 이에 따라 1년의 날수는 자연히 360일이 된다. 이 360일을 1태양년과 1태음년의 평균치로 보아 '역년(曆年)의 날수 를 정하는 상수[一歲之常數]'로 삼는다.

　　그리고 이 상수 360일과 1태양년의 날수 $365\frac{1}{4}$ 일을 비교할 때 남게 되는 '$5\frac{235}{940}$ 일'을 '기영'이라 이르고, 1태음년의 날수 354 $\frac{348}{940}$ 일과 비교할 때 모자라게 되는 '$5\frac{592}{940}$ 일'을 '삭허'라 이른다.[4] 여기에서 기영과 삭허를 합한 날수 '$10\frac{827}{940}$ 일'이 바로 '1년의 윤 율', 다시 말해 '1년의 날수 중에서 윤달로 산입되는 몫'인데, 이 를 모아 두었다가 윤달을 만들어 넣는 데 쓰는 것이다. 이 윤율 을 삭망월 수로 환산하면 바로 1태음년에서 12삭망월만 취하고 내버려 둔 '$\frac{7}{19}$ 삭망월'이다.

　◦ 기영(氣盈) : 1태양년 $365\frac{235}{940}$ 일 － 상수 360일 ＝ $5\frac{235}{940}$ 일 (a)
　◦ 삭허(朔虛) : 상수 360일 － 1태음년 $354\frac{348}{940}$ 일 ＝ $5\frac{592}{940}$ 일 (b)
　◦ 1세의 윤율 : $5\frac{235}{940}$ 일 ＋ $5\frac{592}{940}$ 일 ＝ $10\frac{827}{940}$ 일 (a)＋(b)

　'해가 하늘[항성]과 만난다[日與天會]' 함은 '1항성년이 되었

歲之常數也. 故日與天會, 而多五日九百四十分日之二百三十五者爲氣盈, 月與日會, 而少五日九百四十分日之五百九十二者爲朔虛. 合氣盈朔虛而 閏生焉. 故一歲閏率, 則十日九百四十分日之八百二十七."

4)　기영(氣盈)의 '氣'는 1태양년 24개 절기(節氣)의 '氣'를, 삭허(朔虛)의 '朔'은 1태음년 12개 월삭(月朔)의 '朔'을 가리키는 말이다. 따라서 '기 영'이라 함은 1년의 상수 360일을 초과하여 1태양년의 날수를 꽉 채우 게 되는 약 $5\frac{235}{940}$ 일(5.25일)을 뜻하게 되고, '삭허'라 함은 1년의 상수 360일에 미달하여 1태음년의 날수로써 채우기에 부족한 약 $5\frac{592}{940}$ 일 (5.63일)을 뜻하게 된다.

다'는 뜻인데, 이는 곧 '1태양년이 되었다'는 말과 같은 의미로 쓰였다. 또 '달이 해와 만난다[月與日會]' 함은 원래 '1삭망월이 되었다'는 뜻이지만, 여기에서는 '12번'이라는 말이 생략된 채 쓰였다. 따라서 이는 곧 '12개의 삭망월이 생겨났다' 또는 '평년인 1태음년이 완성되었다'는 의미이다.

그러면 윤율을 구하는 데 왜 굳이 기영과 삭허를 구분하였는가? 이에 대한 옛사람들의 설명은 다음과 같다. 즉, 윤달을 두는 것은 기영을 깎아서 삭허를 보충함으로써 태음력의 삭망 주기를 태양력의 계절 주기와 맞추어 나가는 것이다. 기영을 깎는 것은 해가 운행하는 날수를 달이 운행하는 날수와 맞추려는 것이고, 삭허를 보충하는 것은 달의 운행 주기를 해의 계절 주기에 맞추려는 것이다. 이는 기영을 깎지 않고 태양력만을 기준으로 삼으면 삭망월의 주기를 알 수 없게 되고, 삭허를 보충하지 않고 태음력만을 기준으로 삼으면 계절 주기를 잃게 된다는 이유에서이다. 따라서 기영과 삭허를 구분한 것은, '양(陽)을 상징하는 태양'의 계절 주기와 '음(陰)을 상징하는 달'의 삭망 주기는 그 어느 것도 소홀히 취급할 수 없다는 생각에서 둘의 평균점(平均點)이라 할 수 있는 1년의 상수 360일을 상정하고, 이를 기준으로 태양력상의 기영과 태음력상의 삭허를 서로 주고받도록 함으로써 음과 양의 조화를 꾀한다는 취지에서 나온 조치라고 여겨진다. 그 결과 새로 만들어진 것이 곧 태음태양력이다.

3) 윤달[閏月]

(1) 치윤법(置閏法)

역법에서 계절의 주기를 맞추기 위해, 태양력(太陽曆)은 4년마다 1일의 윤일(閏日)을 넣고 있지만,[5] 태음태양력(太陰太陽曆)은 약 3년마다 1삭망월의 윤달[閏月]을 넣고 있다. 태음력(太陰曆)은 태양력에 비해 1년의 길이가 약 11일 정도 짧기 때문에 약 3년에 1달씩의 비율로 세월이 빨라지고 그만큼 계절과도 어긋나게 된다. 이러한 차질을 해소할 목적으로 여러 가지 치윤법(置閏法)을 고안해 내었는데, 그중 하나가 바로 태음태양력에서 쓰는 '19년 7윤법'이다. 이는 19태양년과 235삭망월의 길이가 같다고 보고, 19태양년 동안에 228삭망월 외에 7개월의 윤달을 더 둠으로써 계절 주기와 역월(曆月)을 일치시킨다는 방법이다.

(2) 19년 7윤법 (「채전(蔡傳)」)

「채전(蔡傳)」은 19년 7윤법에 대해 다음과 같이 설명한다.

---

5) 태양력은 크게 율리우스력(B.C. 46~)과 그레고리력(서기 1582~)으로 나뉜다. 전자는 1년의 길이를 365.25일로 규정하고 4년마다 1일의 윤일을 둔 역법이다. 후자는 현재 세계적으로 쓰이고 있는 역법으로, 1년의 길이를 365.2425일로 규정하고 400년마다 97일의 윤일을 둔다. 후자에서 윤일을 두는 방법을 구체적으로 정리하면 다음과 같다. ① 서기연수(西紀年數)를 4로 나누어서 떨어지면 원칙적으로 윤년이다. ② 4로 나누어 떨어지더라도 100으로 나누어떨어지면 평년이다. ③ 100으로 나누어떨어지더라도 400으로 나누어떨어지면 윤년이다(400년간 ①·②의 경우가 96회이고 ③의 경우가 1회이다.).

"3년에 한 번 윤달을 두면[3세 1윤(三歲一閏)] 윤율은 $32\frac{601}{940}$ 일이 되고, 5년에 두 번 윤달을 두면[5세 재윤(五歲再閏)] 윤율은 $54\frac{375}{940}$ 일이 되며, 19년에 일곱 번 윤달을 두면[19세 7윤(十九歲七閏)] 기영과 삭허의 여분이 정제(整齊)되니, 이것이 1장(一章)이다."[6)]

3년에 한 번 또는 5년에 두 번 넣게 되는 윤달의 윤율은 1세의 윤율 '$10\frac{827}{940}$ 일(약10.88일)'에 경과되는 햇수를 곱하여 얻는다.

◦ 3세 1윤 : $10\frac{827}{940}0$(일) × 3(년)$=32\frac{601}{940}$(일) (약 32.6394일)
◦ 5세 재윤 : $10\frac{827}{940}$(일) × 5(년)$=54\frac{375}{940}$(일) (약 54.3989일)

이리하여 도합 19년 동안에 7회 넣게 되는 윤달의 날수는 $206\frac{673}{940}$ 일이 된다.

◦ 19세 7윤 : $10\frac{827}{940}$(일) × 19(년)$=206\frac{673}{940}$(일) (약 206.7160일)

이 '$206\frac{673}{940}$ 일'은 1세의 윤율을 19년 동안 모은 날수, 즉 19태양년의 날수에서 19태음년의 날수를 뺀 날수인데, 이는 바로 7삭망월에 해당되므로 이를 1삭망월의 날수로 나누면 7로 떨어지게 된다. 이것이 곧 "기영과 삭허의 여분이 정제된다."는 말이다.

◦ 19태양년 : $365\frac{1}{4}$(일) × 19(년)$=6{,}939\frac{705}{940}$(일) (a)

---

6) 『書經大全·堯典』「蔡傳」: "三歲一閏, 則三十二日九百四十分日之六百單一, 五歲再閏, 則五十四日九百四十分日之三百七十五. 十有九歲七閏, 則氣朔分齊, 是爲一章也."

○ 19태음년 : $354\frac{348}{940}$(일) × 19(년)＝$6,733\frac{32}{940}$(일) (b)

$$(a)-(b)=206\frac{673}{940}\text{(일)}$$

○ $206\frac{673}{940}$(일) ÷ $29\frac{499}{940}$(일)＝7(삭망월) (7윤월)

이처럼 기영과 삭허의 여분이 정제되는 것은 19태양년과 235 삭망월의 길이가 같기 때문이다. 이 길이가 반복되는 주기를 '1장(一章)'이라 함은 앞에서 본 바와 같다.

'3세 1윤'과 '5세 재윤'이라는 말은 윤달을 반드시 3년(36삭망월)마다 한 번씩, 5년(60삭망월)마다 두 번씩 두어야 한다는 뜻은 물론 아니며, 3년·5년이라는 기간은 윤달이 드는 대략적인 햇수를 거시적으로 들어 보인 데 불과한 것이다. 19년 동안에 7회의 윤달이 든다는 것은 평균적으로 계산하면 약 33.6삭망월마다, 다시 말해 약 2.8년(2년 9개월)마다 1회의 윤달이 드는 셈이다. 따라서 '3세 1윤'과 '5세 재윤'의 윤율도 하나의 계산 예로서 들어 보인 것이지, $32\frac{601}{940}$일(약 32.6394일) 또는 $54\frac{375}{940}$일(약 54.3989)이라는 숫자 그 자체에 의미가 있는 것이 아니다. 윤달은 연중의 적당한 때, 즉 윤율이 쌓여 1삭망월이 될 때에 넣는 것이고, 3년·5년마다 연도별로 딱딱 끊어서 넣는 것이 아니다. 사분력의 치윤법은 19년이라는 기간을 한 단위로 삼고 그 기간 동안에 7회의 윤달을 둠으로써 태음력을 태양력의 계절 주기와 맞춘다는 데 의미가 있다. ―'3세 1윤', '5세 재윤'의 문제에 대해서는 뒤에서 다시 거론하기로 한다. ―

아무튼 태양력과 태음력의 길이 차이 약 10.88일로 인해 태음태양력에서는 적어도 3년에 한 번은 윤달을 두어야 하는데, 3년에 한 번 두는 것으로는 조금 부족하다. 그리하여 5년에 2번의 윤달을 넣게 되는데, 이 경우에는 또 그 횟수가 조금 많게 된다. 이에 최종적으로 19년에 7회의 윤달을 둠으로써 결국 양자 간의 길이 차이를 해소시키게 되었다. 이것이 '19년 7윤법[十九歲七閏法]'이다.

참고삼아, 1월 및 1세의 윤율과 3세 1윤, 5세 재윤, 19세 7윤에서의 윤율을 기영과 삭허로 나누어 정리해 보면 아래와 같다.

〈19년 동안의 기간별 윤율〉

(단위 : 일)

구 분	1월(月)	1세(歲)	3세 1윤	5세 재윤	19세 7윤
기영(氣盈)	$\dfrac{411.25}{940}$	$5\dfrac{235}{940}$	$15\dfrac{705}{940}$	$26\dfrac{235}{940}$	$99\dfrac{705}{940}$
	(0.4375)	(5.25)	(15.75)	(26.25)	(99.75)
삭허(朔虛)	$\dfrac{441}{940}$	$5\dfrac{592}{940}$	$16\dfrac{836}{940}$	$28\dfrac{140}{940}$	$106\dfrac{908}{940}$
	(0.46915)	(5.6298)	(16.8894)	(28.1489)	(106.9660)
합계 윤율	$\dfrac{852.25}{940}$	$10\dfrac{827}{940}$	$32\dfrac{601}{940}$	$54\dfrac{375}{940}$	$206\dfrac{673}{940}$
	(0.90665)	(10.8798)	(32.6394)	(54.3989)	(206.7160)

'19년 7윤법'을 오늘날의 입장에서 검토해 보면, 19년 동안에 태음력의 날수가 겨우 0.09일(약 2시간) 정도가 많을 뿐이다. 따라서 약 220년이 흘러야 1일의 차이가 생기는 것이므로 상당히 정확한 것이라고 할 수 있다.

∘ 19(태양년)＝365.242190(일)×19(년)＝6,939.6016(일) (a)
∘ 235(삭망월)＝29.530588(일)×235(월)＝6,939.6884(일) (b)

◦ (b) − (a) = 0.0868(일) ≒ 0.09(일)
◦ 1(일) ÷ 0.0868(일) × 19(년) ≒ 219(년)

(3) 실윤(失閏)

'실윤(失閏)'이란 넣어야 할 윤달을 빠뜨리고 넣지 않음으로써 태음력과 계절이 서로 어긋나게 됨을 말한다. 「채전(蔡傳)」의 설명은 다음과 같다.

"3년 동안 윤달을 두지 않으면 봄철의 한 달이 여름에 편입되어 계절이 점차 일정하지 않게 되고 자월(子月 : 11월) 한 달이 축월(丑月 : 12월)로 편입되어 해[歲]가 점차 이루어지지 않게 된다. 이러한 상태를 오래 쌓아 윤달을 세 번 빠뜨리면 봄 한 철이 모두 여름철에 편입되어 계절이 전혀 일정하지 않게 된다. 윤달을 열두 번 빠뜨리면 자월이 모두 축월로 편입되어 해[歲]가 전혀 이루어지지 않게 된 나머지, 명칭과 실질이 어긋나고 추위와 더위가 뒤바뀌어 농사와 양잠 기타 모든 일이 제철을 놓치게 된다."[7]

1태양년과 1태음년의 날수 사이에는 이른바 '1세(歲)의 윤율(閏律)'인 약 11일의 차이가 있다. 이로 인해 만약 윤달을 두지 않을 경우, 3년 정도를 경과하면 태음력과 태양력 사이에는 약

---

7) 『書經大全 · 堯典』「蔡傳」: "故三年而不置閏, 則春之一月入于夏, 而時漸不定矣. 子之一月入于丑, 而歲漸不成矣. 積之之久, 至於三失閏, 則春皆入夏, 而時全不定矣. 十二失閏, 則子皆入丑, 歲全不成矣. 其名實乖戾, 寒暑反易, 農桑庶務, 皆失其時."

1개월의 차이가 생겨 계절이 한 달가량 틀리게 되고, 9년 정도를 경과하면 약 3개월의 차이가 생겨 매 계절이 줄줄이 틀리게 되며, 17년 정도를 지나면 약 6개월이나 어긋나게 되어 여름과 겨울, 봄과 가을이 완전히 뒤바뀌게 된다. 이처럼 해가 누적될수록 태음력에서는 역일(曆日)과 계절 간의 차이가 점차 커지게 되어, 약 33.6년 뒤에는 12개월 곧 1년의 세월이 빨라지게 된다는 결과가 나온다.

○ 1태양년의 일수 ÷ 1세의 윤율 = 365.25(일) ÷ 10.8798(일) = 33.5714 (년) (사분력 기준)
○ 1태양년의 일수 ÷ 1세의 윤율 = 365.2422(일) ÷ 10.8751(일) = 33.5851 (년) (현재 치 기준)

태양력과 태음력의 길이 차이를 햇수별로 대비하여 표로 만들어 보면 다음과 같다.

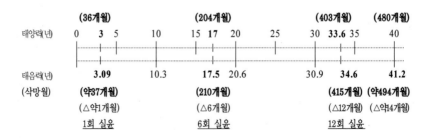

* 1태양년 일수 ÷ 1태음년 일수 × 태양역월 = 태음역월(삭망월)
  (1태양년 일수 365.2422일, 1태음년 일수 354.3671일)

　　태음력에서는 윤달을 두지 않으면 역일이 빨라지게 되므로, 3 태양년이 경과되는 동안 1번의 윤달을 넣지 않으면 1삭망월이 앞당겨지게 된다. 즉, 태음력상 제4년째의 1월이 태양력상 제3년째의 12월의 위치에 오게 되는 것이다. 따라서 이 경우 '봄 한 달이 겨울에 편입된다'고 할 수 있다. ─음력에서 1·2·3월, 4·5·6월, 7·8·9월, 10·11·12월이 각각 봄·여름·가을·겨울에 해당한다. ─ 그런데 「채전」에서는 "3년 동안 윤달을 두지 않으면 봄철의 한 달이 여름에 편입된다."고 하였다. 이는 당초 태음력과 태양력의 역일을 동시에 기산(起算)한 뒤 3년이 지난 상태에서 태양력상의 달 이름을 기준으로 삼아 1달 앞당겨진 태음력상의 달 이름과 비교한 말이다. 환언하면, 지금 든 예에서와 같이 태음력상의 1·2·3월이 태양력상의 12·1·2월의 위치로 각각 1달씩 앞당겨지게 되므로, 실제 봄의 계절과 일치하는 태양력 3월의 위치에 명목상 여름의 계절에 해당하는 태음력 4월이 오게 된다는 말이다. 이리하여 원래 실제의 봄에 해당되었던 3월이 명목상 여름에 해당하는 4월로 되어 있다고 말하게 되는 것이다. ─ 따라서 실제의 계절은 봄(춘3월)인데, 월력은 이미 여름(하4월)이라고 하게 된다. 위의 '봄 한 달이 겨울에 편입된다'는 표현도 결국 '계절상으로는 아직 겨울인 12월인데, 태음력상으로는 벌써 봄인 1월이 되었다'는 말과 같다. ─ 그리고 "자월(子月 : 11월) 한 달이 축월(丑月 : 12월)로 편입된다."는 말도 역시 3년 동안 윤달을 두지 않을 경우 태양력에 비해 태음력이 1달 앞당겨짐을 말한 것이다. ─즉 '실제의 계절을 반영해 주는 태양력상으로는 아직 11월인 데 비해, 태음력상으로는 1달 앞당겨져서 벌써 12월이 되었다'는 말이다. ─ "봄철의 한 달이 여름에 편입되어 계절이 점차 일정하지 않게 되고 자월(子月 : 11월) 한 달이 축월(丑月 : 12월)로 편입되어 해[歲]가 점차 이루어지지 않게 된다."는 구절에서, '봄철의 한 달이 여름에 편입됨'과 '자월(子月 : 11월) 한 달이 축월(丑月 : 12월)로 편입됨'은 똑같이 '태양력에 비해 태음력이 1달 앞당겨짐'을 의미하는 말이고, '계절이 점차 일정하지 않게 됨'과 '해[歲]가 점차 이루어지지 않게 됨'은 똑같이 '세월이 점차 어긋나게 됨'을 의미하는 말이니, 이들은 모두 이른바 동의반복(同義反覆)의 호문(互文)이라 하겠다.

"봄 한 철이 모두 여름철에 편입된다."는 말도 위와 마찬가지로 설명할 수 있다. 즉 윤달을 두지 않은 채 약 9년 정도를 경과하게 되면 매 달이 3개월씩 앞당겨져서 매 계절이 모두 연달아 틀리게 된다는 말이다.―즉 이와 같이 약 9년 정도를 경과하면 태양력상의 실제 계절은 1·2·3월(봄)인 데 비해, 태음력상의 월력은 각각 3개월씩 앞당겨져서 이미 4·5·6월(여름)이 되게 됨을 의미한다. 다시 말해, 이 경우 실제의 계절은 봄(1·2·3월)·여름(4·5·6월)·가을(7·8·9월)·겨울(10·11·12월)이지만, 월력상으로는 각각 여름(4·5·6월)·가을(7·8·9월)·겨울(10·11·12월)·봄(1·2·3월)이 되어 있다는 것이다.―

약 33.6년 동안에 걸쳐 "윤달을 열두 번 빠뜨리면 자월이 모두 축월로 편입되어 해[歲]가 전혀 이루어지지 않게 된다." 함도 위의 설명에 준하여 이해할 수 있다. 다만 「채전(蔡傳)」에서 말하는 '열두 번 빠뜨리면 자월이 모두 축월로 편입된다'의 '열두 번'이라는 횟수는 부정확한 표현이며, 정확하게 표현하자면 '열세 번'이라고 하여야 옳다. 윤달을 '열두 번' 빠뜨리게 되면 태양력상의 한 해(상년) 12개월이 모두 태음력상의 한 해(하년) 12개월로 바뀌게 되며, 이때 달의 명칭과 함께 월건(月建)도 모두 동일하게 바뀌게 된다. 즉 상년의 '인월(寅月) 1월 …… 축월(丑

月) 12월'이 그대로 하년의 '인월(寅月) 1월 …… 축월(丑月)월 12
월'로 되는 것이다. 약 36.5년 동안에 걸쳐 윤달을 '열세 번' 빠
뜨리게 되면 비로소 태양력상의 상년 자월(子月 : 11월)이 태음력
상의 하년 축월(丑月 : 12월)로 두 번 바뀌게 되는 것이다.8)

농경 사회의 경우 실윤(失閏)의 결과가 결국 실농(失農)으로 이
어질 것은 자명한 일이다. 이에 「채전(蔡傳)」은 치윤(置閏)의 필
요성을 강조하여 다음과 같이 말한다.

**"그러므로 반드시 이 남는 날로써 그 사이에 윤달을 둔 뒤에라
야 네 계절이 어긋나지 않게 되고 한 해의 일[농사]이 제대로 이
루어지게 된다. 또 이로써 진실로 백관들을 잘 다스려 모든 사업
이 다 확장될 것이다."9)**

또 『춘추좌씨전(春秋左氏傳)』에서는 백성들을 잘살게 하는 방
도와 치윤을 연관시켜, "윤달로써 계절을 바로잡고, 바른 계절로
써 농사를 지으며, 지은 농사로써 생활을 풍요롭게 한다. 따라서

---

8) 宋 熊朋來, 『經說』 卷2 : "三年不置閏, 則春一月入夏, 上年一月入下
    年. 三失閏則春皆作夏. 十二失閏則上年皆作下年." ① 3년 동안 윤달을
    두지 않으면, 실제 봄의 계절과 일치하는 태양력 3월의 위치에 명목상
    여름의 계절에 해당하는 태음력 4월이 오게 되고, 태양력상의 전년 12
    월 한 달이 태음력상의 후년 1월이 되게 된다. ② 윤달을 3번 두지 않
    은 채 약 9년 정도를 경과하게 되면 매 달이 3개월씩 앞당겨져서 태양
    력상 실제의 계절 1·2·3월(봄)이 태음력상 월력의 명칭 4·5·6월(여
    름)에 해당되게 된다. ③ 약 33.6년 동안에 걸쳐 윤달을 열두 번 빠뜨리
    면 태음력상의 매달이 각각 12개월씩 앞당겨진 결과 태양력상의 상년
    12개월 모두가 태음력상의 하년 12개월이 되게 된다.
9) 『書經大全·堯典』 「蔡傳」 : "故必以此餘日, 置閏月於其間, 然後四時
    不差, 而歲功得成. 以此信治百官, 而衆功皆廣也."

백성들을 잘살게 하는 방법이 윤달로써 계절을 바로잡는 데에 달려
있다."10)고 하였다.

4) 음력(陰曆) 만들기의 일반 원칙

(1) 일반 원칙

태음태양력을 만들 때 평년·윤년에 모두 해당되는 일반 원
칙으로는 대개 다음의 사항들을 들 수 있다.
① 역원(曆元)을 정한다.
② 세수(歲首)를 정한다.
③ 초하루[朔]를 정하고 대월(大月)·소월(小月)을 안배한다.
④ 24절기를 배치한다.
⑤ 달의 이름을 정한다.
⑥ 세차(歲次)·월건(月建)·일진(日辰)·명절(名節)·잡절(雜節) 등
     을 표시한다.

이 밖에 윤년인 경우에는 특히 다음의 원칙에 따라 윤달을 넣는다.
① 1태음년 속에 '중기(中氣)가 없는 달'을 포함한 13개의 삭
     망월이 있으면 그해는 윤년이다.
② 어느 해가 윤년일 경우 '중기가 없는 달'에 윤달을 넣는다.

---

10) 『春秋左氏傳』「文公 六年」: "閏以正時, 時以作事, 事以厚生. 生民之
     道於是乎在矣."

③ 한 해에 중기가 없는 달이 2개 이상 있을 경우 앞의 것을 윤달로 삼는다.

④ 1태음년 속에 모두 12개의 삭망월밖에 없으면 그중에 중기가 없는 달이 있다 하더라도 그해는 윤년이 아니다.

역원(曆元)은 역 계산의 출발점이므로 이를 정해 두는 것은 상당히 중요하다. 옛날에는 가능한 한 '오전 0시가 합삭 시각이면서 동지(冬至)의 입기(入氣) 시각인 시점[夜半朔旦冬至]'을 역원으로 삼아 11월 1일 0시로 정하고자 노력하였다. 그날의 일진이 갑자일(甲子日)이라면 이른바 '십일월갑자 야반삭단동지(十一月甲子夜半朔旦冬至)'로서 더욱 이상적인 것이었다. ─이러한 예로는 전한(前漢)의 『태초력(太初曆)』(B.C. 104년), 후한(後漢)의 『사분력(四分曆)』(서기 85년), 당(唐) 나라의 『선명력(宣明曆)』(서기 822년) 등을 들 수 있다. ─역원을 이러한 시점으로 정할 경우 역법상의 여러 가지 주기를 계산하는 데 아주 편리하다. ─이 경우 하루의 기점(起點)이 자정[夜半]이고, 한 달의 기점이 초하루[朔旦]이며, 한 해의 기점이 11월(十一月)이다. 또 24절기의 기점이 동지(冬至)이고, 60간지의 기점이 갑자(甲子)이다. ─오늘날에도 천문계산표에서 서기 1900년 또는 1950년 등을 계산의 기점으로 삼고 있는데, 이 역시 역원에 해당한다고 할 수 있다.

세수(歲首)는 시대에 따라 현재의 11월, 12월, 또는 1월로써 삼기도 하였으니, 고대 중국의 경우 하(夏) 나라에서는 현재의 1월[寅月]을, 은(殷) 나라에서는 12월[丑月]을, 주(周) 나라에서는 11월[子月]을 각각 세수로 삼았다. ─이것이 이른바 '삼정(三正)'이다. 세수인 1월을 '정월(正月)'이라 이른다. ─오늘날의 세수[正月]는 하(夏) 나라 때와 같이 인월(寅月)로 정해져 있다. ─인월(寅月)로써 세수를 삼는 것은 『태초력(太初曆)』(B.C. 104년) 이후의 전통이다. — 현행 역법상에서 동지(冬至)가 든 달을 11월[子月] 달로 고정시켜 놓았기 때문에, 정월[寅月] 초하루인 '설날'은 동지가 11월의 어디에 위치하고 있느냐에 따라 그 이르고 늦음이 결정되는 것이다. — 설날은 동지가 11월의 하순이 있으면 빨리 들게 되고, 상순에 있으면 늦게 들게 된다. —

이하에서는 대월·소월의 안배 방법부터 주요 사항을 차례로 살펴보기로 한다. 다만 윤달을 두는 법과 60간지로써 세차(歲次)·월건(月建) 등을 표시하는 법에 대해서는 별도의 절(節)에서 다루기로 한다.

(2) 대월·소월의 배치와 초하루[朔日]의 결정

1삭망월의 길이가 약 29.53일이므로 역(曆)에서는 한 달을 29일이나 30일로 만드는데, 29일로 된 달을 소월(小月)이라 이르고 30일로 된 달을 대월(大月)이라 이른다. 태음력에서는 작은달[小月]과 큰달[大月]을 적절히 배치함으로써 역(曆)의 초하루와 달[月相]의 삭(朔), 즉 합삭(合朔)이 어긋나지 않도록 하는 것이 중요한 과제이다.

중국에서는 역(曆)이 처음 만들어졌을 당시부터 대체로 대월과 소월을 번갈아 배치하면서 간혹 연대월(連大月)을 넣는 방법을 써 왔다. — 어느 정도 정비된 역(曆)은 대개 주(周) 나라 초기 때 처음 만들어졌다고 하며, 연대월을 규칙적으로 넣는 방법은 춘추시대(春秋時代) 중기 이후에 이르러 정립된 것으로 보인다. — 이를 평삭법(平朔法)이라 일컫는데, 이는 1삭망월의 평균치를 29.5일로 간주하여 역월(曆月)의 대·소를 기계적으로 교대하여 배치함으로써 역의 초하루를 정하는 방법이다. 그러나 실제로는 1삭망월의 길이가 29.5일보다 적어도 0.03일이 더 많으므로 약 17개월마다 대월을 1회씩 더 넣어 주어야만 했다. 이를 '연대월' 또는 '빈대월(貧大月)'이라 이른다. 1삭망월의 평균치를 초과하는, 버려진 0.030851일을 16.350회 쌓으면 약 0.5일이 더 생기게 되므로, 16~17삭망월마다 30일의 대월을 연속적으로 2번 넣었던 것이다.

○ 29.530851일－29.5일＝0.030851일 (사분력 기준)

　0.5일 ÷ 0.030851일＝16.350삭망월

○ 29.530589일－29.5일＝0.030589일 (현재치 기준)

　0.5일 ÷ 0.030589일＝16.3457삭망월

그런데 이 평삭법을 따를 경우 역일(曆日)과 월상(月相)－달의 모습－이 맞아 들어가지 않는 일이 허다하게 일어난다. 즉 달[月相]의 삭(朔)이 초1일에 생기지 않고 지난달의 그믐이나 새달의 초2일에 생긴다거나－일식이 초1일에 생기지 않는다.－ 망(望)이 15일에 일어나지 않고 그 전후에 일어나게 되는－월식이 15일에 일어나지 않는다.－ 따위이다.

그리하여 실제로 달의 합삭을 따져 역의 초하루를 정하도록 하는 정삭법(定朔法)이 남조(南朝) 때 하승천(何承天)에 의해 처음으로 제기되었고, 당(唐) 나라 초기에 들어와서부터는 이것이 정식으로 역법에서 채택되기에 이르렀다.－서기 619년 부인균(傅仁均)의 『무인원력(戊寅元曆)』이 그 시작이다.－ 즉 초하루를 정하는 데 평균적인 삭이 아닌, 월상의 관측을 바탕으로 한 실제의 삭을 사용한 것이다. 이는 달의 공전궤도가 타원이어서－이는 주로 태양에 의한 섭동(攝動,

perturbatoin) 때문이다. —11) 지구와 달 사이의 거리가 가장 가까운 근지점(近地點)—근지점도 조금씩 움직여 8.85년을 주기로 백도를 따라서 일주한다. —에서 달의 공전 속도가 빠르다는 점과 실제 태양의 황도를 따른 운행 속도도 또한 균일하지 않다는 점을 역에 반영한 것인데, 이 방법을 따르면 대월이 4개씩, 소월이 3개씩 연이어 배치될 수도 있게 된다. 오늘날 1삭망월의 길이가 29.530589일(29일 12시 44분 2.9초)이라는 것은 평균치일 뿐이고 실제로는 이 값의 안팎으로 약 13시간 또는 14시간 정도 드나드는데, 이러한 차이가 7세기 이래로 역월에 감안된 것이다.

오늘날에도 음력의 초하루는 평균의 삭이 아니라 실제의 삭을 따라 정한다. 즉 매달 초하루는, 평균 삭망월의 길이를 무시하고 실제의 합삭 시각을 정밀하게 계산하여 그 시각이 속한 날로 정하고 있다. 또 역월의 초하루가 합삭 시각이 속하는 날로 정해지기 때문에, 대월·소월도 자연히 매 합삭 사이의 길이 여하에 따라 정해진다. 실제의 삭을 따름으로 인해, 달[曆月]의 대·소는 그 배열이 불규칙해질 뿐만 아니라 해마다 달라진다. —태음력에서 달의 대·소는 62태양년 곧 767삭망월을 주기로 반복된다고 한다. —12)

이처럼 실제의 삭을 기초로 초하루를 정하기 때문에 매월 초하루에는 반드시 합삭이 일어나게 마련이고, 월상(月相)도 기본적으로는 대개 날짜의 진행에 맞추어서 차고 기우는 변화를 반복하게 된다. 그러나 망(望)—달이 지구를 사이에 두고 해를 마주 바라본다는 뜻에서 온 말로, 보름달을 이른다.—이 반드시 15일에 일어나는 것은 아니며,

---

11) 섭동(攝動, perturbatoin)이라 함은 어느 행성이 태양 이외의 다른 행성들로부터 받는 작은 인력(引力)을 이른다.
12) 이은성 『曆法의 原理分析』, 정음사, 1985, 서울, 268·272쪽.

그것은 대개 15일 내지 17일 사이에 일어나는 경우가 많다. 2003년 음력 정월 대보름의 경우를 예로 들어 보면, 양력 2월 1일 19시 48분이 합삭 시각이므로 이날이 음력 1월 1일(설날)이 되며, 이 합삭 시각을 기준으로 월령(月齡)―합삭 후 매일 정오까지의 시간을 1일 단위로 표시하여 월상(月相)을 나타내는 것―을 계산하면 대보름인 음력 1월 15일의 월령은 13.7일로서 만월(滿月)에 아직 미치지 못한 상태이고, 완전한 만월인 망(望)은 2월 17일 08시 51분에 이루어진다.―이때의 월령은 15.6이다.―13)

(3) 24절기

태음태양력에서는, 비록 윤달을 둔다고 하더라도, 계절이 경우에 따라 한 달 이상이나 차이가 나기 때문에 별도로 24절기(節氣)―이를 이십사절(二十四節) 또는 이십사기(二十四氣)라고도 이른다.―를 두어 왔다. 이 절기는 동양의 태음태양력에 특유한 것으로서, 역월의 중요 구성 부분을 이루는 것이다.

'24절기'란 황도상의 태양의 위치를 기준으로 1년을 24등분(等分) 하여 입기(入氣) 시각을 정한 것이다. 즉 황도 부근의 하늘을 24등분(等分) 하여 성기(星紀)·현효(玄枵) …… 등의 12차(十二次)14)로 이름하고 태양이 그 차(次)의 한가운데에 들어갔을 때 동지(冬至)·대한(大寒) …… 등의 절기가 되는 것이다.―이는 약

---

13) 한국천문연구원 편찬, 『역서 2003』, 남산당, 2002, 서울, 11쪽.
14) 12차(次)의 명칭과 순서 등은 제2장의 주 15)에 나왔다. 해[日]·달[月]·5행성(五行星) 등이 이들 성차(星次)를 순서대로 거쳐 지나가며 서쪽 하늘에서 동쪽 하늘로 향해 주천(周天)한다.

2,100년 전의 시점 기준이다.— 이 24절기 중 사립(四立)—입춘·입하·입추·입동—은 각 계절의 시작 기점이고 이분(二分)—춘분·추분—과 이지(二至)—하지·동지—는 각각 계절의 한가운데 시점이다.—단, 추위와 더위의 기후 변화는 각 절기에 비해 약 한 달 정도 뒤에 나타난다.— 따라서 이 24절기는 태양력에 가름하여 계절의 주기를 정확하게 알려 준다. 이는 곧 태양력의 일종이라 할 수 있는 것이다.

　24절기는 다시 12절기(節氣)와 12중기(中氣)로 나누어지는데, 절기와 중기는 순서대로 각각 하나씩 교대로 배치된다. 태음력에서 원래 절기는 매달의 초에 들고 중기는 매달의 중간 이후에 드는 것이지만, 그러나 실제로 중기는 해당 월의 월초에서 월말 사이에 들고 절기는 그 전월의 하반기에서 해당 월의 상반기 사이에 드는 경우가 태반이다.

　4계절별로 '24절기와 현행 태양력상의 입기 일자 내지 하늘의 12차' 등을 살펴보면 다음 표와 같다.—단, 일전성차(日躔星次)는 지금으로부터 약 2,100년 전의 시점을 기준으로 한 것이다. 오늘날에는 세차운동의 영향으로 인해 분지(分至) 점이 1차(次)씩 서진(西進)되어 있다.—

⟨24절기 표⟩

계절		24절기	태음월 절기/중기		평균 태양황경	태양력 입기일	경과일 (누계일)	일전성차 (日躔星次)	
봄	맹춘	입춘(立春)	정월	절	315도	2. 4.경	15(44)일	취자(娵訾)	초
		우수(雨水)		중	330	2.19.	15(59)		중
	중춘	경칩(驚蟄)	이월	절	345	3. 6.	15(74)	강루(降婁)	초
		춘분(春分)		중	0	3.21.	15(89)		중
	계춘	청명(淸明)	삼월	절	15	4. 5.	15(104)	대량(大梁)	초
		곡우(穀雨)		중	30	4.20.	15(119)		중
여름	맹하	입하(立夏)	사월	절	45	5. 6.	16(135)	실침(實沈)	초
		소만(小滿)		중	60	5.21.	15(150)		중
	중하	망종(芒種)	오월	절	75	6. 6.	16(166)	순수(鶉首)	초
		하지(夏至)		중	90	6.21.	15(181)		중
	계하	소서(小暑)	유월	절	105	7. 7.	16(197)	순화(鶉火)	초
		대서(大暑)		중	120	7.23.	16(213)		중
가을	맹추	입추(立秋)	칠월	절	135	8. 8.	16(229)	순미(鶉尾)	초
		처서(處暑)		중	150	8.23.	15(244)		중
	중추	백로(白露)	팔월	절	165	9. 8.	16(260)	수성(壽星)	초
		추분(秋分)		중	180	9.23.	15(275)		중
	계추	한로(寒露)	구월	절	195	10. 8.	15(290)	대화(大火)	초
		상강(霜降)		중	210	10.23.	15(305)		중
겨울	맹동	입동(立冬)	시월	절	225	11. 7.	15(320)	석목(析木)	초
		소설(小雪)		중	240	11.22.	15(335)		중
	중동	대설(大雪)	동지	절	255	12. 7.	15(350)	성기(星紀)	초
		동지(冬至)		중	270	12.22.	15(0)		중
	계동	소한(小寒)	섣달	절	285	1. 6.	15(15)	현효(玄枵)	초
		대한(大寒)		중	300	1.21.	14(29)		중

위의 24절기를 쉽게 외우고 기억하도록 하기 위해, 중국에서는 예로부터 다음과 같은 가결(歌訣)이 전해진다.

春雨驚春淸穀天 (춘우경춘청곡천)	입춘 우수 경칩 춘분에 청명 곡우가 뒤따르고,
夏滿芒夏暑相連 (하만망하서상련)	입하 소만 망종 하지에 소서 대서가 이어지네.
秋處露秋寒霜降 (추처로추한상강)	입추 처서 백로 추분에 한로 상강이 뒤따르고,
冬雪雪冬小大寒 (동설설동소대한)	입동 소설 대설 동지에 소한 대한이 이어지네.

24절기를 구하는 방법에는 평기법(平氣法)과 정기법(定氣法)이 있다. 전자는 (동지를 출발점으로 삼아) '1태양년의 날수' 또는 '태양의 황도'를 24등분(等分) 하여 '평균한 날수' 또는 '평균의 황경(黃經)'을 가지고 절기를 정하는 방식이고, 후자는 (춘분점을 기점으로 삼아) 태양의 황도상의 '실제 운행 도수' 즉 '실제의 황경'을 기초로 절기를 정하는 방식이다. 후자는 지구의 공전궤도가 타원이어서 그 운행 속도가 '동계(冬季)의 근일점(近日點)－양력 1월 3일경－ 부근에서 가장 빠르고 하계(夏季)의 원일점(遠日點)－양력 7월 6일경－ 부근에서 가장 느리다'－따라서 대개 추분에서 춘분까지의 날수가 179일이고, 춘분에서 추분까지의 날수가 186일이다. 절기와 중기 사이의 길이도 14.42일에서 15.73일까지 유동적이다.－는 사실을 반영한 것으로, 청(淸) 나라의 『시헌력(時憲曆)』(1645년)에서 채택된 이래 오늘날에도 시행되고 있다.－정기법(定氣法)을 사용하는 문제는 서기 604년 수(隋)의 유작(劉焯)에 의해 처음 제기되었다. 따라서 그것이 채택되는 데는 1,000여 년이 걸린 셈이다.－

24절기는 계절의 주기를 정확히 알려 줄 뿐만 아니라, 다음에 보는 바와 같이 태음태양력에서 달의 이름을 정하고 윤달을 배치하는 기준이 된다는 점에서도 의의가 있다. 24절기 중에서 12

중기가 특히 중시되는데, 그 이유는 달의 이름이 중기가 있는 달을 기준으로 결정되고 중기가 없는 달에만 윤달을 넣는다는 원칙 때문이다.

(4) 절기의 추산

24절기를 역월에 정확하게 넣어 주기 위해서는 각 절기의 입기 시각을 정밀하게 추산해 내어야 하고, 각 절기의 입기 시각을 정밀하게 추산해 내기 위해서는 태양의 황도상의 운행 속도를 정확하게 계산해 내어야 한다. 그런데 태양은 황도상에서 등속(等速)으로 움직이지 않는다.－이는 지구가 자신의 공전궤도상에서 등속으로 운행하지 않는다는 말과 같다.－ 즉 태양이 운행하는 평균적인 황경과 실제의 황경이 서로 다른 것이다. 이는 지구가 케플러(Johannes Kepler)의 법칙15)에 따라 타원의 공전궤도상에서 부등속(不等速)으로 운행하기 때문이다. 따라서 절기의 추산에는 지구의 타원궤도상의 부등속 운행, 세차운동, 다른 행성에 의한

---

15) '케플러(J. Kepler)의 법칙'은 독일의 천문학자 케플러(Johannes Kepler, 서기 1571~1630)가 행성(行星)의 운행에 관하여 발견한 다음 세 가지의 법칙을 이른다. ① 행성은 태양을 초점 삼아 타원운동을 한다. ② 행성과 태양을 잇는 선이 동일한 단위 시간에 그리는 넓이는 항상 동일하다. ③ 행성의 공전주기의 제곱은 공전궤도 장반경(長半徑)의 세제곱에 비례한다. 이들 법칙 중, ②는 행성의 공전 속도가 근일점 부근에서 빠르고 원일점 부근에서 느리다는 것을 뜻한다. 지구를 예로 들면, 근일점에서나 원일점에서나 그 운행 단위 시간은 동일한 데 반해 그 운행 거리는 멀고 짧은 차이가 있다. 따라서 근일점 부근에서는 하루[1 진태양일]의 길이가 원일점 부근에 있을 때 비해 더 길어지면서 운행 소요 일수는 그만큼 줄어들게 되는 것이다. ③은 천체의 거리를 구하는 데 이용된다.

<삽화 10. 케플러의 법칙 II>

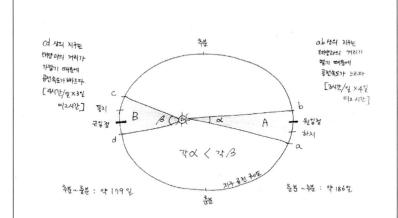

cd 상의 지구는
태양과의 거리가
가깝기 때문에
공전속도가 빠르다
[4시간/일×3일
=12시간]

ab 상의 지구는
태양과의 거리가
멀기 때문에
공전속도가 느리다
[3시간/일×4일
=12시간]

추분

c   동지
군일점   B   β   ☉   α   A   b   원일점
d   하지   a

각α < 각β

지구 공전 궤도

추분~춘분 : 약 179일   춘분

춘분~추분 : 약 186일

케플러의 법칙 II : " 행성 [지구] 과 태양을 잇는 선이 동일한
     단위 시간에 그리는 면적은 항상 동일하다. "

① 면적 A와 면적 B는 동일하다 [면적 A = 면적 B]. 그리고 지구가 원일점 부근의
   궤도를 전진하면서 면적 A를 만드는 데 소요된 시간과 군일점 부근의 궤도를
   전진하면서 면적 B를 만드는 데 소요된 시간도 동일하다.

② 원일점에서나 군일점에서나 지구의 운행 단위 시간은 동일한 데 반하여 그
   운행 거리는 짧고 긴 차이가 있다. 따라서 군일점 부근에서는 1일 [1진태양일]의
   길이가 원일점 부근의 그것에 비해 더 길어지면서 운행 소요 일 수는 줄어들게
   되고, 원일점 부근에서는 그 반대가 된다. → 1일 [1진태양일]의 길이가 달라진다.
   가상의 수치로써 예를 들면 다음과 같다.

        원일점 부근: 1일 3시간의 거리 × 4일 운행 ≒ 총 12시간 운행
        군일점 부근: 1일 4시간의 거리 × 3일 운행 ≒ 총 12시간 운행

     이는 하절기 (7월) 의 원일점 부근에서는 태양과의 거리가 멀기 때문에 공전
     속도가 느려지고, 동절기 (1월) 의 군일점 부근에서는 그 반대로 공전 속도가
     빨라짐을 의미한다.

③ 원일점이 포함되어 있는 춘분에서 추분까지의 날 수는 약 186일이고, 군일점이
   포함되어 있는 추분에서 춘분까지의 날 수는 약 179일이다.

섭동-근일점의 이동- 등이 고려되어야 하는데, 이는 전문적인 천문학 지식을 필요로 하는 문제이다.

절기의 추산은 윤달을 두는 데에도 결정적인 영향을 미친다. 이는 윤달을 중기가 없는 달에 넣는 것을 원칙으로 삼고 있기 때문이다.

(5) 달의 이름 결정

태음태양력에서는 우선 이분(二分)과 이지(二至)를 기준으로 삼아 춘분에 2월, 하지에 5월, 추분에 8월, 동지에 11월을 각각 두는 것을 원칙으로 삼고 있다. 음력 11월을 '동짓달'이라고 부른다든지, 춘분을 '2월중', 하지를 '5월중', 추분을 '8월중', 동지를 '11월중'이라고 부르는 이유가 여기에 있다. 그런데 이분과 이지는 모두 중기에 속한다. 이로 인해 음력의 각 달은 '중기를 지니고 있는 달[有中月]'을 위주로 그 중기의 순서에 따라 이름을 가지게 된다. 즉 '우수'·'춘분'으로부터 '대한'에 이르기까지 12개의 중기가 들어 있는 달이 각각 한 달의 주인이 되어 그 이름도 순서대로 '1월'·'2월', …… '12월'이라는 열두 달의 이름을 갖게 되는 것이다.-앞의 <24절기 표> 참조- 중기가 들어 있지 않은 달은 이른바 '이름이 없는 달'로서, 원칙적으로 '윤○월'이라는, 앞의 달 이름을 따서 만든 윤달의 이름을 부여받게 된다.

중기와 중기 사이의 길이는 평균 30.43685일-사분력에 의하면 30.4375일이다.-이고 1삭망월의 길이는 약 29.530589일-사분력에 의하면 29.530851일이다.-이므로, 평균적으로는 1삭망월 속에 2개의 중기가 들 수 없다. 그러나 초하루를 평균의 삭이 아니라 실제의 삭을 기준으로 정하고 절기도 평균의 황경이 아니라 실제의 황경을 가지고 정하기 때문에, 후술에서 보는 바와 같이 1삭망월 속에 중기가 두 번 들게 되는 경우도 있을 수 있다. 이런 경우의 달 이름은 역시 이분과 이지를 우선시하여 결정하게 된다.

5) 무중 치윤법(無中置閏法)

(1) 절월(節月)과 무중월(無中月)

1개의 절기와 1개의 중기로 구성된 1개월을 '절월(節月)'이라이른다. 이 1절월의 길이는, 1태양년의 길이 약 365.2422일을 12절월로 나누어 구하면, 평균 약 30.43685일이 된다. 따라서 한달이 30일 또는 31일로 구성된 태양력에서는 12절기가 매월 상순에, 12중기가 매월 하순에 각각 규칙적으로 들어 있게 되며, 해가 바뀌어도 그 위치에 거의 변동이 없다. 그러나 태음태양력에서는 1삭망월의 길이가 평균 29.530589일밖에 되지 않아 1절월에 비해 약 0.9일이 짧으므로, 매 삭망월이 경과될 때마다 절기와 중기는 평균 하루 이틀씩 늦어져서 밀려 내려가게 마련이다. 그리하여 계산상 평균 17,8개월이 지날 때마다 절기(節氣)가 없는 달 '무절월(無節月)'과 중기(中氣)가 없는 달 '무중월(無中月)'이 각각 한 개씩 교대로 생기게 되어, 19년 동안에 대략 '무절월'과 '무중월'이 각 7회씩 생기게 된다.

무절월과 무중월이 생기게 되는 평균적인 주기를 계산해 보면 다음 식과 같다.

$$29.530589일 ÷ (30.43685일 - 29.530589일) = 32.585월 \text{ (현재치 기준)}$$

이는 약 0.9일이 32.6개월 정도 쌓이면 1삭망월이 생기게 되어 무절월과 무중월이 1개씩 번갈아 생기게 된다는 의미이다. 따라서 19년 7윤법에서의 총 삭망월 수 235개월 중 윤달 7개월을 뺀 228월만 가지고 보면 그 자체에서 모두 7회의 무중월이 나오게 된다. ─ 여기에서 윤년에는 반드시 무중월이 들어 있다는 말이 성립된다. ─ 지금 특히 무중월만 거론하는 것은 윤달을 무중월에만 넣도록 정해 놓았기 때문이다.

$$228월 ÷ 32.585월 = 약 7회 \quad \cdots\cdots \text{ 현재치 기준}$$
$$228월 ÷ 7회 = 32.57월(32\frac{4}{7}월) \cdots\cdots \text{ 사분력 기준}$$

좀 더 간단한 예를 다시 들어 보기로 하자. 계산의 편의상 1삭망월을 29.50일로 간주하고 한 달을 29일과 30일을 번갈아 두는 것으로 가정할 경우, 위에서 본 매월 약 0.9일의 차이로 인해 17개월이 지나면 $\frac{1}{2}$절월(약 15.2일)이 넘는 15.3일의 차이가 생긴다. 따라서 제17월에는 원래 그달의 중간쯤에 위치해 있던 중기(절기)가 차츰 밀려 내려와서 말일에 위치하게 되고, 제18월에는 한 개의 절기(또는 중기)가 1삭망월의 한가운데로 밀려오게 되는 바람에 중기(또는 절기)가 없어지게 된다. 이는 평삭법과 평기법에 기초한 예이다.

$$(30.4일 - 29.5일) \times 17삭망월 = 15.3일$$

<무중월 발생의 예>

절기 중기	경칩 춘분	청명 곡우	입하 	망종 소만	소서 하지
음력 월	2월	3월	윤3월	4월	5월

* 3월 다음의 한 삭망월 속에는 '입하'라는 절기만 있고 '소만'이라는 중기가
  없다. 따라서 이는 '4월'이 될 수가 없고, 전월의 이름을 딴 윤달이 됨이
  원칙이다.

실제 정삭법과 정기법을 채택한 역법에서는 절기와 중기 사
이의 길이가 14.42일에서 15.73일 사이로 변동적이므로, 어느 중
기에서 다음 중기까지의 길이가 29.48일로 줄어들 수 있게 되어
1삭망월 속에 2개의 중기(또는 절기)가 들어갈 수도 있고-이 경
우 그 전월과 후월에 모두 중기(또는 절기)가 들지 않기도 한다.- 또 1개의
중기(또는 절기)조차 들어가지 않을 수도 있다. 이는 현행 역월
에서 무중월(또는 무절월)이 불규칙적으로 생기게 되는 이유이
다.16) 이처럼 정기법을 채택할 경우 무중월에 윤달을 두는 종래
의 방법은 규칙성을 벗어나게 되어 윤달을 넣는 의미에 상당한
혼란이 생기는 것이 사실이다.

현행 음력에서 실례를 통해, 절기와 중기가 매달 날짜상으로 조
금씩 늦어져 무절월과 무중월이 생기는 과정을 살펴보면 다음 표
와 같다.

---

16) 이은성 『曆法의 原理分析』, 정음사, 1985, 서울, 161·162쪽.

〈절기의 밀림 현상과 무절월의 발생 예〉

년	2001									2002								
월	윤	05	06	07	08	09	10	11	12	01	02	03	04	05	06	07	08	09
일	14	17	18	20	22	22	23	22	23	23	23	24	26	27	30	×	02	03
절기	망종	소서	입추	백로	한로	입동	대설	소한	입춘	경칩	청명	입하	망종	소서	입추		백로	한로

〈중기의 밀림 현상과 무중월의 발생 예〉

년	2002						2003												2004				
월	07	08	09	10	11	12	01	02	03	04	05	06	07	08	09	10	11	12	01	02	윤	03	04
일	15	17	18	18	19	20	19	19	19	21	23	24	26	27	29	30	29	30	29	30	×	02	03
중기	처서	추분	상강	소설	동지	대한	우수	춘분	곡우	소만	하지	대서	처서	추분	상강	소설	동지	대한	우수	춘분		곡우	소만

 아무튼 무중월은 거의 19년에 7회씩 생기게 된다. 한편 24절기는 바로 태양력과 동일한 것이다. 그러므로 태양력과 태음력 간의 차이를 메우는 것이 윤달이라면, 24절기와 태음력 간의 차이를 나타내 보여 주는 것이 무중월이라고 말할 수 있다. 특히 평삭법과 평기법의 관점에서 보면, 19태양년 속에 윤달이 7회 든다는 것과 무중월이 7회 든다는 것은 모두 표현상의 차이일 뿐이지, 결국 같은 말이라고 할 것이다. 간혹 무중월(또는 무절월)이 불규칙하게 연거푸 생기는 것은 실제의 역법에서 정삭법과 정기법을 채택한 결과이다.

 정기법에 따라 절기를 안배하는 경우의 태음태양력에서는 실제 12월(섣달)과 1월(정월)에는 윤달이 잘 들지 않는 반면 5월과 6월에는 윤달이 많이 드는데, 그 까닭은 다음과 같이 설명된다. 동지점(근일점) 부근에서는 태양(지구)의 운행 속도가 빠른 탓으로 2개의 중기(中氣) 사이의 날수가 적어져서 1삭망월의 길이에

도 미치지 못하게 되므로, 이때는 무중월이 생겨나지 않고-1삭
망월 속에 중기·절기·중기가 들 수도 있다.- 따라서 윤달을 넣을 여지
가 없다.-1삭망월 속에 2개의 중기가 들게 되면 그 삭망월을 전후하여 무중
월이 거듭 발생한다.- 한편 하지점(원일점) 부근에서는 태양(지구)
의 운행 속도가 느린 탓에 두 중기 사이의 날수가 1삭망월의 날
수보다 많아 종종 무중월이 생기게 되므로, 이 무렵에 자주 윤
달을 넣게 된다.17)

무절월과 무중월의 예를 오늘날의 역월에서 실제로 찾아보면
다음과 같다.18)

⟨무절월과 무중월의 예⟩

음력연월	구 분	비고	음력연월	구 분	비고	음력연월	구 분	비고
1948. 5.	무절(망종)		1967. 5.	무절(망종)		1986. 5.	무절(망종)	
1949.윤7	무중(추분)	윤달	968.윤7.	무중(추분)	윤달	1987.윤6.	무중(처서)	윤달
1951. 3.	무절(청명)		1970. 3.	무절(청명)		1989. 3.	무절(청명)	
1952.윤5.	무중(대서)	윤달	1971.윤5.	무중(대서)	윤달	1990.윤5.	무중(대서)	윤달
1953. 7.	무절(입추)		1972. 8.	무절(백로)		1991. 7.	무절(입추)	
1955.윤3.	무중(소만)	윤달	1974.윤4.	무중(하지)	윤달	1993.윤3.	무중(소만)	윤달
1956. 6.	무절(소서)		1975. 6.	무절(소서)		1994. 6.	무절(소서)	
1957.윤8.	무중(상강)	윤달	1976.윤8.	무중(상강)	윤달	1995.윤8.	무중(상강)	윤달
1959. 4.	무절(입하)		1978. 4.	무절(입하)		1997. 4.	무절(입하)	
1960.윤6.	무중(처서)	윤달	1979.윤6.	무중(처서)	윤달	1998.윤5.	무중(대서)	윤달
1961. 9.	무절(한로)		1980.10.	무절(입동)		1999. 8.	무절(백로)	

17) 文明書局 編輯部 編, 『中國天文史話』, 文明書局, 1995, 臺北, 101쪽.
또 앞의 주 15) 참조.
18) 金于齋 編著, 『正統 萬歲曆』, 明文堂, 1987, 서울, 181~392쪽.
한국민족문화연구원 엮음, 『5000년 CD만세력』, 동학사, 2001, 서울,
326~443쪽.

1961.11.	무절(대설)		1981. 1.	무절(입춘)		2000. 3.	무절(청명)	
1962. 2.	무절(입춘)		1982.윤4.	무중(하지)	윤달	2001.윤4.	무중(하지)	윤달
1963.윤4.	무중(하지)	윤달	1983. 7.	무절(입추)		2002. 7.	무절(입추)	
1964. 7.	무절(입추)		1984.윤10.	무중(동지)	윤달	2004.윤2.	무중(곡우)	윤달
1965. 9.	무중(상강)		1985. 1.	무중(춘분)		2005. 5.	무절(망종)	
1966.윤3.	무중(소만)	윤달						

(2) 윤달의 횟수

1태음년은 1태양년에 비해 1세의 윤율에 해당하는 날수인 약 10.88일만큼 짧다. 그러므로 약 10.88일이 3년 정도 쌓이면 1개의 윤달이 생기게 되고, 8년 정도 쌓이면 3개의 윤달이 생기게 된다.

윤달이 드는 횟수를 알아내기 위해 1태양년이 1삭망월의 몇 배인가를 구해 보자.

$$365.242190 \div 29.530589 = 12.368266배 \ (약 \ 12\frac{7}{19}배)$$

이 소수점 부분을 연분수(連分數)와 번분수(繁分數)로 나타내면,

$$0.368266 = \frac{1}{2} + \frac{1}{1} + \frac{1}{2} + \frac{1}{1} + \frac{1}{1} + \frac{1}{17} + \frac{1}{3} + \frac{1}{2} + \cdots\cdots$$

$$= \cfrac{1}{2 + \cfrac{1}{1 + \cfrac{1}{2 + \cfrac{1}{1 + \cfrac{1}{1 + \cfrac{1}{17 + \cfrac{1}{3 + \cfrac{1}{2 + \cdots\cdots}}}}}}}}$$

가 된다.[19] 이를 다시 정리하면,

제1~2항의 합 : $1/(2/1+1/1)$

$$= \frac{1}{\frac{2}{1}+\frac{1}{1}} = \frac{1}{3} = 0.3333333$$

제1~3항의 합 : $1/(2+1/(2/2+1/2))$

$$= \frac{1}{2+\frac{1}{\frac{2}{2}+\frac{1}{2}}} = \frac{3}{8} = 0.3750000$$

제1~4항의 합 : $1/[2+1/(1+1/(2/1+1/1))]$

$$= \frac{1}{2+\frac{1}{1+\frac{1}{\frac{2}{1}+\frac{1}{1}}}} = \frac{4}{11} = 0.3636363$$

제1~5항의 합 : $1/\{2+1/[1+1/(2+1/(1/1+1/1))]\}$

$$= \frac{1}{2+\frac{1}{1+\frac{1}{2+\frac{1}{\frac{1}{1}+\frac{1}{1}}}}} = \frac{7}{19} = 0.3684210$$

제1~6항의 합 : $1/<2+1/\{1+1/[2+1/(1+1/(1+1/17))]\}>$

---

19) 소수(小數)를 역수(逆數)로 만들고 거기에서 정수(整數) 부분을 분리하여 분모로 놓는다. 이러한 방법으로 계속 새로운 소수의 역수를 이용하여 새로운 분모를 두어 나가면 점점 근사치에 접근하게 되는 연분수(連分數)가 만들어진다.

$$= \cfrac{1}{2 + \cfrac{1}{1 + \cfrac{1}{2 + \cfrac{1}{1 + \cfrac{1}{1 + \cfrac{1}{17}}}}}} = \frac{123}{334} = 0.3682634$$

가 되는데, 이는 곧 윤달을 3태양년에 1회, 8태양년에 3회, 11태양년에 4회, 19태양년에 7회, …… 334태양년에 123회 두어야 한다는 의미이다.―위 분수의 분모는 태양년 수를, 분자는 윤달 횟수를 각 나타낸다.― 8년 동안에 3회의 윤달을 두는 것을 '8년 3윤법'이라 하고, 19년 동안에 7회의 윤달을 두는 것을 '19년 7윤법'이라 이른다. 동양에서는 B.C. 6세기 때부터 후자의 윤법을 써 왔다.[20]

19태양년의 길이와 235삭망월의 길이가 서로 같으므로, 12삭망월을 1년으로 삼는 태음력에서 19년 동안에 7개의 윤달을 넣으면 태음력을 태양력의 계절 주기에 맞출 수 있게 되는 것이다. 그리하여 19년 7윤법을 쓰는 태음력에서는 235삭망월 중 윤달 7개를 제외한 228삭망월 (12월 × 19년) 동안에 평균 약 32.6삭망월마다 1회씩의 윤달을 넣게 된다.

19태양년 × 365.25일＝6939.75일＝29.530851 × (12월 × 19년＋7월)
삭망월
(235월 － 7월)삭망월 ÷ 32.57삭망월＝7삭망월(윤달)

윤달이 들어가는 횟수 내지 빈도는 다른 방법으로 계산해 보

---

20) 이은성 『曆法의 原理分析』, 정음사, 1985, 서울, 167 · 168쪽.

아도 위와 동일함을 알 수 있다. 즉 1태음년의 길이 약 354.3671
일은 1태양년의 길이 약 365.2422일에 비해 약 10.8751일(10.88
일)이 부족하다. 따라서 이 부족한 10.8751일을 평균적으로 약 2.7
년, 곧 32.6삭망월 ($32\frac{4}{7}$삭망월) 정도 모으게 되면 1개의 윤달을
만들어야 한다는 답이 나오는 것이다.

$$29.530851 \div 10.8798 \times 12월 = 32.57삭망월 \ (사분력)$$
$$29.530589 \div 10.8751 \times 12월 = 32.58삭망월 \ (현재치)$$

(3) 윤달의 분포·간격 — '3세 1윤'과 '5세 재윤'

바로 앞에서 윤달이 평균 32.6삭망월 ($32\frac{4}{7}$삭망월) 또는 2.7년
마다 1번씩 들어가게 된다는 사실을 알았다. 그러면 윤달이 들
어가는 해는 구체적으로 어떻게 분포될까? 이를 사분력(四分曆)
에 기초하여, 평삭법과 평기법에 따라 달의 삭과 24절기가 정해
지는 것으로 보고, 평균적으로 계산해 보면 1장 19년 동안에 윤
달이 드는 해는 대개 아래 표의 ① 유형과 같다. ② 유형은 ①
유형에 비해 조금 변형된 형태이다. ① 유형은 평균 약 32.6삭망
월마다 1회의 윤달을 두는 형태이고, ② 유형은 3세 1윤 및 5세
재윤이라는 문언(文言)대로 윤달을 두는 형태라고 할 수 있다.[21]

---

21) ① 유형은 『서경대전(書經大全)』 수권(首卷)의 「윤월정시성세도(閏月
定時成歲圖)」와 『관규외편(管窺外篇)』 권상 등에, ② 유형은 『서채씨전
방통(書蔡氏傳旁通)』 권1상에 각각 보인다.
　　　『서경대전』의 「윤월정시성세도」에서는 제5년(재윤)과 제8년(3윤)의 경우
윤율이 각각 $\frac{4,383}{940}$(4.6628)일과 $\frac{1,461}{940}$(1.5543)일이 '부족하다[少]'고 하면

〈19년 동안의 매년 윤율과 7회 치윤〉 (단위 : 일)

햇수	윤율(일)	① 유형		② 유형	
		적일(積日)	치윤(置閏)	적일(積日)	치윤(置閏)
1년	10.8798	10.8798		10.8798	
2년	21.7596	21.7596		21.7596	
3년	32.6394	32.6394	제1윤 (여분 3.1085)	32.6394	제1윤 (여분 3.1085)
4년	43.5192	13.9883		13.9883	
5년	54.3990	24.8681		24.8681	제2윤 (차용 4.6628)
6년	65.2788	35.7479	제2윤 (여분 6.2170)	6.2170	
7년	76.1586	17.0968		17.0968	
8년	87.0384	27.9766		27.9766	제3윤 (차용 1.5543)
9년	97.9182	38.8564	제3윤 (여분 9.3255)	9.3255	
10년	108.7980	20.2053		20.2053	
11년	119.6778	31.0851	제4윤 (여분 1.5542)	31.0851	제4윤 (여분 1.5542)
12년	130.5576	12.4340		12.4340	
13년	141.4374	23.3138		23.3138	
14년	152.3172	34.1936	제5윤 (여분 4.6628)	34.1936	제5윤 (여분 4.6628)
15년	163.1970	15.5426		15.5426	
16년	174.0768	26.4224		26.4224	제6윤 (차용 3.1085)

서 그 다음 해인 제6년과 제9년에 이 윤율을 마저 채워서 윤달을 넣고 있다. 이는 평균 32.6삭망월 간격의 치윤 방법에 따라, 7개의 윤달이 생기게 되는 시점을 228삭망월을 7등분 한 그림을 통해 보여 주는 데 서 알 수 있다.

　그런데 『서채씨전방통』의 설명은 다소 모호한 점이 있다. 즉 『채씨 전방통』의 저자는 매년의 윤율을 설명함에, 제5년(재윤)과 제8년(3윤), 그리고 제16년(6윤)의 경우 각각 '다음 해의 윤율 $\frac{4,383}{940}$(4.6628)일, $\frac{1,461}{940}$ (1.5543)일, $\frac{2,922}{940}$(3.1085)일을 빌려다가 합쳐서 윤달을 둔다'고 하면서 치윤에서의 윤율 차용 방식을 설명하는 한편, 당(唐) 나라 때의 천문학 자 일행(一行; 張遂)이 '19년 동안에 7개의 윤달을 평균 32.6삭망월 간 격으로 넣게 된다'고 한 말을 아울러 소개하고 있다. 양자는 서로 모순 되는 내용인데, 어느 방법을 따른다는 것인지 태도가 좀 불분명한 것 이다. 여기에서는 일단 『채씨전방통』이 윤달을 둠에 윤율 차용 방식을 주장한 것으로 보았다. 『관규외편』에서도 이 윤율 차용 방식을 비판하 고 있다. 『管窺外篇·卷上』, 『稗編·卷53·閏法』.

17년	184.9566	37.3022	제6윤 (여분 7.7713)	7.7713	
18년	195.8364	18.6511		18.6511	
19년	206.7162	29.5309	제7윤 (여분 0.00)	29.5309	제7윤 (여분 0.00)

* 여기에서 1년의 윤율은 $10\frac{827}{940}$(약 10.8798)일이고, 1삭망월의 길이는 $29\frac{499}{940}$(약 29.53085)일이다.
* 위의 표에서는 윤율을 모두 소수로 나타내었지만, 동양에서는 고래로 소수점 이하의 숫자가 딸려 있을 경우에는 그것을 분수로 나타내었다. 예컨대 위의 각 윤율은 일법(日法) 940을 써서 나타내게 되는데, 이렇게 하면 그 1년치는 $\frac{10,227}{940}$일, 2년 치는 $\frac{20,454}{940}$일, 3년치는 $\frac{30,681}{940}$일, …… 18년치는 $\frac{184,086}{940}$일, 19년치는 $\frac{194,313}{940}$일이 되는 식이다.

여분과 차용의 윤율도 이에 준한다.

위의 ① 유형을 그림으로 나타내면 <그림 7>과 같다.

<그림 7> 윤월정시성세도(閏月定時成歲圖)

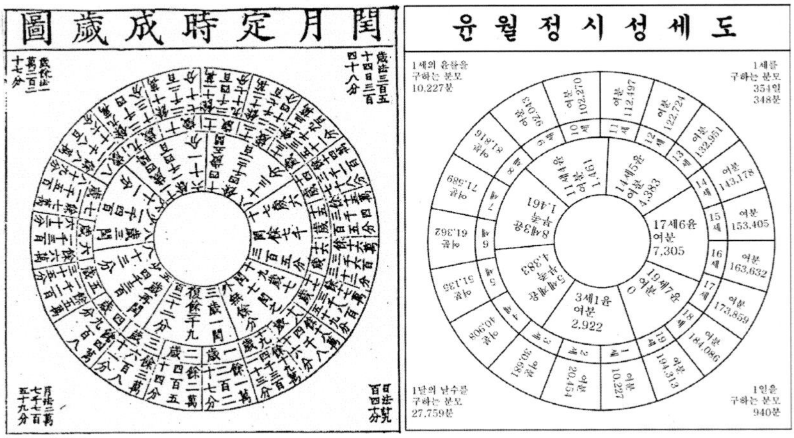

* 위의 그림 중 왼쪽 그림은 『서경대전(書經大全)』 - 보경문화사 영인 내각본(內閣本)『서전(書傳)』 - 의「수권(首卷)」에서 따온 것이고 오른쪽 그림은 그것을 풀어놓은 것이다.
* 위의 그림은 19년 동안에 발생하는 매년의 윤율 누적분(累積分)과 일곱 번의 윤달이 들어가는 위치를 보여 준다.
* 위의 그림에서 '8세 3윤'은 그 분포가 '6세 초에서 8세 말로' 그려져 있는데, 이는 '6세 초에서 9세 초로' 그려져야 옳다. - 바로잡지 않은 채 그대로 실었다. -
* 위의 왼쪽 그림에 보이는 '13세의 여분(餘分)'은 원문에 '십삼만 삼천(十三萬三千)……'으로 적혀져 있으나, 이는 '십삼만 이천(十三萬二千)……'을 잘못 쓴 것이다.
* 위 그림의 하단에는 약간의 도설(圖說)이 더 붙어 있는데, 참고로 그것을 옮겨 보면 아래와 같다.

"살피건대, 『율력지(律曆志)』 등 여러 서적과 『주비산경(周髀算經)』 등에서 모두 '(1일 동안 항성천에 대해) 해는 1도를 운행하고 달은 $13\frac{7}{19}$도를 운행하는데, 주천도수(周天度數)는 $365\frac{1}{4}$도이다. 그러므로 해가 한 번 주천한 것이 1년이다. 1년은 12삭망월인데, 정수(整數)[22]가 없다. 그러므로 윤달로써 네 계절을 일정하게 한다. 3년에 1번 윤달을 두고 5년에 2번 윤달을 두게 되는데, 19년에 이르게 되면 190일과 $\frac{15,713}{940}$분일(총 윤율 $\frac{194,313}{940}$일)을 쌓아서 남기게 된다. 이 15,713분일을 일법 940으로 나누면 (16일을 얻게 되어 190일과 합하여) 도합 206일과 $\frac{673}{940}$분일을 얻게 되니, 7윤월의 날 수가 된다. 이것(19태양년과 235월 삭망월의 길이가 동일하게 되는 주기)을 1장(章)이라 이른다.' 하였다. 그러나 반드시 19년이 되어서야 여분(餘分)이 없게 되는 것은 대개 천수(天數)는 9에서 끝나고 지수(地數)는 10에서 끝나는 법이기 때문이니, 19라는 수는 천수 및 지수 두 가지가 함께 끝나는 수인 것

---

22) 정수(整數)라는 말은 '1태양년의 날 수를 부족함이 없이 꼭 채울 수 있는 날 수'라는 의미로 이해된다.

이

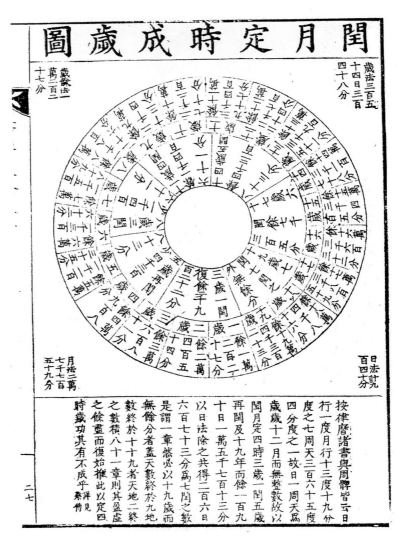

사진 출처: 學民文化社 1990년 간행 『書傳(附諺解)』

다. 81장(章)을 쌓게 되면 기영과 삭허의 나머지가 모두 다 없어
지게 되어 다시 시작하게 된다. 이를 미루어서 네 계절을 일정
하게 한다면 세공(歲功)을 어찌 이룰 수 없겠는가. - 상세한 내용은
「채전(蔡傳)」에 보인다. - "23)

위의 ① · ② 유형에서 윤달의 간격을 찾아보면 대개 다음과 같다.

① 유형

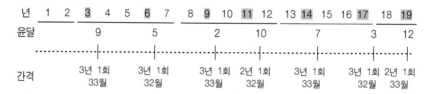

② 유형

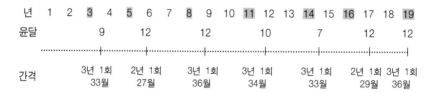

① 유형은 윤년이 3-3-3-2-3-3-2년의 간격으로 분포된

---

23) 『書經大全 · 首卷』: "按律曆諸書與周髀, 皆云, 日行一度, 月行十三度
十九分度之七, 周天三百六十五度四分度之一, 故日一周天爲歲, 歲十二
月而無整數, 故以閏月定四時. 三歲一閏, 五歲再閏, 及十九年而餘一百
九十日一萬五千七百十三分, 以日法除之, 共得二百六日六百七十三分,
爲七閏之數, 是謂一章. 然必以十九歲而無餘分者, 蓋天數終於九, 地數
終於十, 十九者, 天地二終之數. 積八十一章, 則其盈虛之餘盡而復始.
推此以定四時, 歲功, 其有不成乎.[詳見蔡傳]"

것이다. 여기에서는 제1·2·3윤과 제5·6윤이 모두 '3세 1윤'에
해당하고, 제4·7윤이 각각 직전에 있는 제3·6윤과 합하여 '5
세 재윤'이 된다. 각 윤달은 고르게 32~33삭망월의 간격으로 1
개씩 배치되었다.－이는 평삭법과 평기법에 따라 달의 대소와 24절기를 정
한 결과이다.－

  ② 유형은 윤년이 3－2－3－3－3－2－3년의 간격으로 분포된
것이다. 여기에서는 제1·3·4·5·7윤이 '3세 1윤'에 해당하고
제2·6윤이 제1·5윤과 합하여 '5세 재윤'이 된다. 이 유형에서
는 필요시 다음 해의 윤율을 미리 차용해서 쓰기도 하는데, 이
는 처음부터 '3세 1윤' '5세 재윤'이라는 말에 너무 집착하는 입
장인 듯하다. 따라서 이는 '무중월에 윤달을 둔다'는 원칙을 간
과했다는 비판을 받을 수 있다. 또 이 유형에 의하면 '32~33삭
망월'이라는 윤달 사이의 간격도 무너지게 된다. 단, 이 경우에
도 평균적으로는 32.6삭망월마다 1회의 윤달이 든다. 그리고 윤
달이 드는 해는 19년의 주기 내에서 결국 ① 유형과 동일한 분
포를 이룬다.

  그런데 오늘날 통용되는 실제의 역월은 정기법에 따라 산출
한 무중월에 윤달을 두므로, 그 윤달의 분포는 위의 계산 방식
에 의한 분포와는 조금 차이가 있다. 실제 오늘날 통행되는 만
세력(萬歲曆)을 참조하여 1949년부터 2004년 사이의 음력에서
윤달을 찾아보면 다음과 같다.[24]

---

24)   한국민족문화연구원 엮음, 『5000년 CD만세력』, 동학사, 2001, 서울,
      326~443쪽.

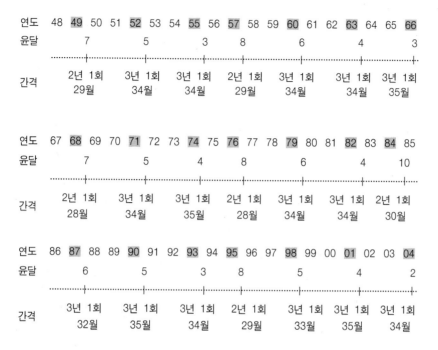

연도	48	**49**	50	51	**52**	53	54	**55**	56	**57**	58	59	**60**	61	62	**63**	64	65	**66**
윤달		7			5			3		8			6			4			3

간격	2년 1회 29월	3년 1회 34월	3년 1회 34월	2년 1회 29월	3년 1회 34월	3년 1회 34월	3년 1회 35월

연도	67	**68**	69	70	**71**	72	73	**74**	75	**76**	77	78	**79**	80	81	**82**	83	**84**	85
윤달		7			5			4		8			6			4		10	

간격	2년 1회 28월	3년 1회 34월	3년 1회 35월	2년 1회 28월	3년 1회 34월	3년 1회 34월	2년 1회 30월

연도	86	**87**	88	89	**90**	91	92	**93**	94	**95**	96	97	**98**	99	00	**01**	02	03	**04**
윤달		6			5			3		8			5			4			2

간격	3년 1회 32월	3년 1회 35월	3년 1회 34월	2년 1회 29월	3년 1회 33월	3년 1회 35월	3년 1회 34월

여기에서도 윤달이 드는 해는 대략 3-3-2-3-3-3-2년의 간격으로 분포되어 있음을 알 수 있다.-84년의 윤10월은 85년에 들 윤달을 앞당겨 둔 듯한 느낌이 든다.- 이를 ③ 유형이라 하자. 다만 이 경우 윤달이 든 간격은 28삭망월 내지 35삭망월로 다소 유동적 인데, 이는 정삭법과 정기법에 기초하여 월삭(月朔)과 24절기를 산출한 데 따른 결과이다.

여기에서 '5세 재윤'의 의미를 다시 짚어 볼 필요를 느낀다. 얼핏 보기에 '6세 재윤'이 아닌가 여겨지기 때문이다. '5세 재윤' 의 의미에 대해서는 예로부터 『주역』이나 『서경』 등에 여러 가 지 주석(注釋)이 있다. 그중 몇 가지를 골라 보면 아래와 같다.

① 약 32~33개월마다 1개의 윤달이 드는데, 이러한 윤달은

대개 5년 사이에 두 번의 간격으로 드는 셈이다(『稗編』 권53, 『書蔡氏傳旁通』 권1上, 『文公易說』 권22.).[25]

② 19년 동안에 3세 1윤이 5회, 5세 재윤이 2회인데, 19세 7윤을 통틀어서 보면 5세 재윤이 된다. 즉, 5세 재윤은 대략적으로 표현한 말이다(『周易注疏』 권11, 『大衍索隱』 권2.).

③ 성수(成數)로 말하면 1세의 윤율은 12일이고 5년의 윤율은 60일이다. 그러므로 '5세 재윤'이 된다. 성인(聖人)은 성수만 들어서 대략적인 수치를 말한 것이고, 뒤의 현인군자가 실수(實數)를 정확히 계산할 것이다(『書集傳纂疏』 권1.).

위의 주석은 표현상에서 각각 약간의 차이를 보일 뿐이고, 의미상으로는 모두 같은 뜻으로 풀이하였다고 이해된다. 즉 모두 대략적인 수치를 들어서 말한 것이라는 점에서 동일하며, 또 '5세 재윤'이란 반드시 5년마다 2번의 윤달이 듦을 뜻하는 것이 아니라는 점에서는 이의가 없다. ─정말로 '5세 재윤'을 액면 그대로 받아들인다면 20년 동안에 8번의 윤달이 들게 되어 오차가 크다.─ 다만 ②·③이 범범하게 말한 데 비해 ①이 좀 더 분명하게 표현하였다 하겠다.

앞에서 본 바와 같이 평균적으로는 약 32.6삭망월이 지나면 1개의 윤달이 생기게 되어 19년 동안 평균 약 33.6개월마다 1개의 윤달이 있게 된다. 이른바 "윤달이 1~4월에 든 다음에는 2년 만에 다시 들고, 윤달이 5~12월에 든 다음에는 3년 만에 다시 든다."고 함은 이를 뜻하는 말이다.[26] 또 19년을 통틀어 크게

---

25) 『文公易說』 卷22 「著卜考誤」 : "五歲再閏者, 凡前閏後閏, 相去大略三十二月, 在五歲之中, 故五歲再閏."
26) 『稗編』 卷53 「閏法」 : "若是自正月至四月閏, 則只間一年便滿三十三月, 又須置閏, 所謂五歲再閏者此也. 若是自五月至十二月閏, 則須間二年方滿三十三月, 却置一閏, 所謂三歲一閏者此也."

보면 5년 동안에 평균적으로 두 번의 윤달이 든다는 말도 이와 통한다. 이것이 곧 '5세 재윤'이다. 이렇게 보면 위 ①의 주석이 이해하기에는 확실히 명쾌하다. 위의 ①·②·③ 유형에서 '3-3-3-2-3-3-2년'이든, '3-2-3-3-3-2-3년'이든, 또는 '3-3-2-3-3-3-2년'이든 간에, 이들을 순환하는 형태로 놓고 보면 7개의 윤년 중 6개가 '3-2년' 또는 '2-3년'의 형태로 연이어져서 대체적인 '5세 재윤'의 분포를 시각적으로 나타내 보이고 있다. 또 위 ① 유형에서 제3~7년, 제8~12년, 제13~17년의 각 5년을 끊어서 보면 그 사이에 윤달이 각각 2개씩 모두 6개나 들어 있음도 알 수 있다.－그 나머지 제18~2년의 4년 사이에는 1개의 윤달이 들어 있다.－

윤달에도 30일의 대월과 29일의 소월이 있고, 계산상으로는 대월과 소월이 비슷한 비율로 놓이게 되는 것이 마땅하다.－원래 음력에서 대월과 소월의 대체적인 구성 비율은 약 53:47 정도이다.－ 그러나 실제 윤달은 약 8할 정도가 29일의 소월이며 그것도 여름철에 많이 드는데, 그 까닭은 지구의 공전 속도가 원일점 부근의 하계(夏季)에 느려진다는 케플러의 법칙하에 있기 때문이라고 생각된다.[27] 그리하여 가령 1장(一章) 19년의 주기 내 7개 윤달 중 소월이 5개, 대월이 2개라고 하면, 윤달의 총 일수는 205일밖에 되지 않아 19년의 총 윤율 $206\frac{673}{940}$일(약 206.7일)에 1.7일을 채우지 못하게 된다. 그러나 이 1.7일은 1장(一章) 안에서 윤달이 아닌 보통의 삭망월에 흡수되는 것이라고 보아야 할 것이다.

---

27) 이은성 『曆法의 原理分析』, 정음사, 1985, 서울, 165쪽.

(4) 윤달의 위치 — 무중치윤법(無中置閏法)

『청사고(淸史稿)』에서 말하기를,

> "윤달을 구하는 방법은 다음과 같다. 전년과 후년의 동짓달을 기준 삼아 그 속에 13개월이 있게 될 경우, 무중월(無中月)을 그 전월의 이름을 따라 윤달로 만든다. 만약 1년에 무중월이 두 번 있을 경우에는 앞의 무중월을 윤달로 삼는다."[28]

하였다. 여기에는 윤달을 넣는 기본 원칙이 잘 나타나 있다. 이에 대해 좀 더 언급해 보기로 한다.

첫째, 윤년에는 반드시 1개 이상의 무중월(無中月)이 있게 마련이고, 따라서 윤달은 반드시 무중월에 넣는다. 이것이 소위 '무중치윤법(無中置閏法)'인데, 이는 전한(前漢) 때의 『태초력(太初曆)』(B.C. 104)에서부터 확립된 원칙이다. 고대 은(殷) 나라 때는 '13월'이라는 명칭이 있었던 것으로 보아 대개 연말에 윤달을 넣는 '연종 치윤법(年終置閏法)'을 썼던 듯하고, 그 뒤 차츰 연중(年中)에 윤달을 두는 방식을 택한 것으로 보인다. 연중에 윤달을 넣을 경우 '절기가 없는 달[無節月]'에 윤달을 넣는 방법도 있겠으나, 한(漢) 나라에 들어와서부터는 '중기가 없는 달[무중월]'에 윤달을 두는 것으로 정해졌다. 윤달을 무절월에 넣든 무중월에 넣든, 결과적으로 치윤(置閏)의 규칙성에는 변함이 없

---

28) 이은성, 『曆法의 原理分析』, 정음사, 1985, 서울, 166쪽.
『淸史稿卷48・時憲志23』: "求閏月, 以前後兩年冬至之月爲準, 中積十三月者, 以無中氣之月, 從前月置閏. 一歲中兩無中氣者, 置在前無中氣之月爲閏."

다. 그리고 윤달을 두는 것은 원래 역월과 계절의 차이가 너무 벌어지는 문제를 방지하기 위한 의도인데, 굳이 그것을 무절월에 두느냐 무중월에 두느냐 하는 점까지 따지는 데 이른 것은 역법이 더 한층 정교해졌음을 뜻한다 하겠다.

중기가 없는 달에 윤달을 넣는 까닭은 원래 '중기가 들어 있는 달', 즉 '유중월(有中月)'에만 열두 달의 이름을 붙여 준다는 원칙 때문이다. 달의 이름은 예컨대 중기인 우수가 든 달이 정월이고, 춘분이 든 달이 2월이고, 곡우가 든 달이 3월이고, 소만이 든 달이 4월이고, …… 대한이 든 달이 12월이라는 식인데, 만약 순서상의 4월에 중기인 소만이 들어 있지 않을 때는 도무지 4월이라고 부를 수가 없게 된다. 소위 '이름이 없는 달'인 것이다. 따라서 이러한 달을 윤달로 만들어서 '윤3월'이라 일컫도록 하는 것이다.

예를 들어 1993년의 경우 음력 3월(양력 3.23.~4.21.) 직후의 1삭망월(양력 4.22.~5.20.) 속에는 입하(양력 5.5.) 절기만 있고 4월에 해당하는 소만(양력 5.21.) 중기가 없다. 따라서 이 3월 직후의 무중월에 윤3월을 두었다.―그 다음의 4월(양력 5.21.~6.19.)에는 소만(양력 5.21.)과 망종(양력 6.6.)이 들어 있다.― (앞의 표 〈 무중월 발생의 예 〉 참조)

어느 달이 윤달이 되려면 그달의 15일 경에 하나의 절기가 들어 있고 그달에 중기는 한 개도 들어 있지 않아야 된다. 따라서 윤달의 직전[前月末]과 직후[後月初]에는 반드시 중기가 한 개씩 들어 있게 마련이다. 『주례(周禮)』의 「소(疏)」에 나오는 "중기가 그믐에 있으면 그 다음 달이 윤달이고, 중기가 초하루에 있으면 그 전달이 윤달이다.[中氣在晦, 則後月閏, 中氣在朔, 則前月閏.]"[29) 는 말은 바로 이러한 의미이다.[30)

둘째, 무중월이 두 번 들어 있는 해에는 동지가 든 달을 11월로 고정시켜 놓고 앞의 무중월에 윤달을 넣는다.[31) 정삭법과 정기법을 따르는 역법에서는 1삭망월 안에 2개의 중기(또는 절기)가 들기도 하고 1개의 중기(또는 절기)조차 들지 않기도 하며, 1년 동안에 2회의 무중월이 거푸 생기기도 한다. 어떻든 무중월이 거듭 들게 될 때는 앞의 무중월에 윤달을 넣기로 한다는 것이 원칙이다. 그리고 또 2월에 춘분을, 5월에 하지를, 8월에 추분을, 11월에 동지를 각각 넣는 것을 원칙으로 하지만, 이 중에서도 특히 동지를 더 중시한다.

셋째, 윤달이 들어 있는 윤년은 1년의 달수가 모두 13삭망월이다. 동지와 동지 사이―어느 해의 11월 1일부터 다음 해의 10월 말일 사이―에 무중월을 포함하여 모두 13삭망월이 있게 되면 그해는 윤년이다. 그러나 1태음년 속에 모두 12개의 삭망월밖에 없으면 그 속에 무중월이 들어 있다 하더라도 그해는 윤년이 아니다.

윤년에는 입춘이 정월에도 들고 12월에도 든다. 이는 윤달이 든 해의 경우 1태음년이 13삭망월(약 384일)로써 이루어져 있기 때문이다.

---

29) 『周禮』「春官・宗伯下」: "(大史)正歲年以序事" 條에 딸려 있는 賈公彦의 「疏」이다.
30) 이은성, 『曆法의 原理分析』, 정음사, 1985, 서울, 172쪽.
31) 이은성, 『曆法의 原理分析』, 정음사, 1985, 서울, 163쪽.

(5) 무중월이 거듭될 경우 윤달 안배의 실례

여기에서 항간의 만세력을 인용하여, 무중월이 몇 달 사이에 거듭 들게 될 경우 실제 윤달이 어떻게 배치되는지에 대해 사례별로 살펴보기로 한다.─아래에 드는 세 가지의 사례는 한국민족문화연구원에서 엮은 『표준 만세력』을 참조한 것이다.─32)

우선 이들 경우에 윤달을 두는 일반 원칙을 정리하면 다음과 같다.

① 동지가 드는 달을 11월로 고정해 둔다.

② 동지와 동지 사이에 무중월을 포함하여 모두 13개월이 있게 되면 그해는 윤년이다. 어느 해에 12개월밖에 없어서 윤년이 아닌 경우에는 무중월이 있어도 윤달로 삼지 않는다.

③ 윤년에는 1개 이상의 무중월이 있다. 한 해 안에 2개 이상의 무중월이 있을 경우에는 첫 번째의 무중월에 윤달을 둔다.

예 1) 1965~1966년

1965년 음력 8월(양력 8.27.~9.24.) 다음의 1삭망월(양력 9.25.~10.23.)은 한로(10.8.) 절기만 있고 상강(10.24.) 중기가 없으며, 또 1966년 음력 3월(양력 3.22.~4.20.) 다음의 1삭망월(양력 4.21.~5.19.)은 입하(5.6.) 절기만 있고 소만(5.21.) 중기가 없다. 이 경우 1965년은 동지와 동지 사이의 달수가 모두 12개밖에 없으므로 윤년이 아니다. 따라서 8월 다음의 무중월 한 달(양력 9.25.~10.23.)은 윤달이 아니고 그냥 9월이다. 그러나 1966년은 동지와 동지 사이의 달수가 모두 13개 있으므로 윤년이다. 그러므로 3

---

32) 한국민족문화연구원 엮음, 『표준 만세력』, 계백, 2001, 서울, 6~10쪽.

월 다음의 무중월(양력 4.21.~5.19.)에는 윤3월을 두게 된다.

예 2) 1984~1985년

1984년 음력 10월(양력 10.24.~11.22.) 다음의 1삭망월(양력 11.23.~12.21.)은 대설(12.7.) 절기만 있고 동지(12.22.) 중기가 없으며, 또 1985년 음력 (예상) 1월(양력 1.21.~2.19.) 다음의 1삭망월(양력 2.20.~3.20.)은 경칩(3.6.) 절기만 있고 춘분(3.21.) 중기가 없다. 이 경우 1984년은 동지와 동지 사이에 무중월을 포함하여 모두 13개월이 있으므로 윤년이다. 따라서 10월 다음의 무중월(양력 11.23.~12.21.)은 윤10월이 된다.

그러나 1985년은 동지와 동지 사이에 무중월을 포함하여 모두 12개월밖에 되지 않으므로 윤년이 아니다. 따라서 전년도 윤10월 다음의 11월부터 차례로 달 이름을 배정하여 원래의 (예상) 1월이 12월로, 무중월로서 윤1월 후보였던 달(양력 2.20.~3.20.)이 보통의 1월로 각각 이름 매겨진다.

예 3) 2033~2034년

아래의 표와 같이 2033년 음력 7월(양력 7.26.~8.24.)을 기준으로, 그 뒤 첫 번째의 1삭망월(양력 8.25.~9.22.)은 백로(9.7.) 절기만 있고 추분 중기가 없고, 그 뒤 5번째의 1삭망월(양력 12.22.~1.19.)은 소한(1.5.) 절기만 있고 대한 중기가 없으며, 그 뒤 7번째의 1삭망월(양력2.19.~3.19.)은 경칩(3.5) 절기만 있고 춘분 중기가 없다. 이는 무중월이 3회 연거푸 들어 있는 복잡한 경우이다.

음력 월명	양력 날짜	24절기
6월	6.27. ~ 7.25.	소서 7.7. 대서 7.22.
7월	7.26. ~ 8.24.	입추 8.7. 처서 8.23.
윤7월?	8.25. ~ 9.22.	백로 9.7.
8월	9.23. ~ 10.22.	추분 9.23. 한로 10.8.
9월	10.23. ~ 11.21.	상강 10.23. 입동 11.7.
10월? 11월?	11.22. ~ 12.21.	소설 11.22. 대설 12.7. 동지 12.21.
윤11월?	12.22. ~ 1.19.	소한 1.5.
12월? 1월?	1.20. ~ 2.18.	대한 1.20. 입춘 2.4. 우수 2.18.
윤1월?	2.19. ~ 3.19.	경칩 3.8.
2월	3.20. ~ 4.18.	춘분 3.20. 청명 4.5.
3월	4.19. ~ 5.17.	곡우 4.20. 입하 5.5.
4월	5.18. ~ 6.15.	소만 5.21. 망종 6.5.

앞에서 살펴본 원칙에 비추어 본다면, 일단 동지가 들어 있는 달(양력 11.22.~12.21.)에 대해 11월이라는 이름을 부여하고 그 앞뒤의 달에 대해 차례대로 달의 이름을 배정해야 한다. 이렇게 할 경우 다음의 '조정1'과 같이 11월 다음의 무중월인 1삭망월 (양력 12.22.~1.19.)을 윤달로 삼아 윤11월을 두게 된다. 이는 무엇보다 동지를 중시하여 11월을 동지가 들어 있는 달에 고정시킨 결과 보기 드문 윤11월을 두게 된 것이다. 그리하여 당초의 '12월? 1월?'(양력 1.20.~2.18.), '윤1월?'(양력 2.19.~3.19.)이 각각 '12월', '1월'이 되게 된다.

그러나 2033년은 동지와 동지 사이에 음력 7월 다음의 무중월을 포함한 13삭망월을 지니고 있어서 윤년임이 확실한 데다가 한 해에 중기가 없는 달이 2개 이상 있을 경우 앞의 것을 윤달로 삼는다는 원칙에 입각한다면, 윤달을 '조정 2'와 같이 7월 다음(양력 8.25.~9.22.)에 두고 차례대로 달 이름을 붙여나가는 것이 마땅하다. 실제로 『일교음양력(日較陰陽曆)』과 시중(市中)의 만세력도 '조정2'의 방법을 따르고 있다.[33)]

양력 날짜	6.27. – 7.25.	7.26. – 8.24.	8.25. – 9.22.	9.23. – 10.22.	10.23. – 11.21.	11.22. – 12.21.	12.22. – 1.19.	1.20. – 2.18.	2.19. – 3.19.	3.20. – 4.18.	4.19. – 5.17.	5.18. – 6.15.
당초	6월	**7월**	무중월 윤7월?	8월?	9월?	10월? 11월?	무중월 윤11월?	12월? 1월?	무중월 윤1월?	2월	3월	4월
조정1	6월	7월	8월	9월	10월	11월	윤11월	12월	1월	2월	3월	4월
조정2	6월	7월	윤7월	8월	9월	10월	11월	12월	1월	2월	3월	4월

(6) 윤달 전후의 특징

윤달이 들기 직전의 동짓날[冬至]은 동짓달[11월]의 하순에 들어 있게 된다. 그리고 윤달이 들기 전의 수개월 동안은 음력의 달 이름과 양력의 달 이름이 일부분이나마 서로 같다. 이때 양력 날짜는 음력 날짜에 비해 약 20여일 정도 앞서 나간다. 그러나 일단 윤달이 지난 직후에는 양력 날짜는 음력 날짜에 비해 50여 일 정도 앞서 가게 된다.

---

33) 이은성, 『일교음양력(日較陰陽曆)』, 세종대왕기념사업회, 1983, 서울, 741쪽.
  한국민족문화연구원 엮음, 『표준 만세력』, 계백, 2001, 서울, 9·10쪽.

6) 간지(干支)와 기년법(紀年法)·기월법(紀月法) 등

(1) 60간지와 세차(歲次)·월건(月建)·일진(日辰)·시진(時辰)

동양에서는 예로부터 간지(干支)로써 해[年]·달[月]·날짜[日]·시간[時] 등을 표기해 왔다. '간지'는 '천간(天干)과 지지(地支)의 합칭어(合稱語)'인데, '갑(甲)·을(乙)·병(丙)·정(丁)·무(戊)·기(己)·경(庚)·신(辛)·임(壬)·계(癸)' 등 10개의 '천간(天干)'과 '자(子)·축(丑)·인(寅)·묘(卯)·진(辰)·사(巳)·오(午)·미(未)·신(申)·유(酉)·술(戌)·해(亥)' 등 12개의 '지지(地支)'가 서로 결합하여 '갑자(甲子)·을축(乙丑)·병인(丙寅) …… 임술(壬戌)·계해(癸亥)' 등 '60개의 간지' 즉 '60갑자(甲子)'가 얻어진다.―10과 12의 최소공배수가 60이다. 홀수 위치의 천간은 홀수 위치의 지지와, 짝수 위치의 천간은 짝수 위치의 지지와 각각 결합한다.― 이로써 예컨대 음력 '2003년 3월 5일 06시'를 '계미년 병진월 기유일 정묘시'라고 나타내게 되는 것이다. 또 흔히 제문(祭文) 등에서 "유세차 갑자 구월 계묘삭 십칠일 기미, 효자 모 감소고우 …… (維歲次甲子九月癸卯朔十七日己未,孝子某敢昭告于 ……)"라는 식으로 간지를 나열하는데, 이 역시 "갑자년인 해, 초하루의 일진이 계묘인 9월, 기미일진의 17일, …… "을 뜻한다.―이를 간단히 옮기면 '갑자년 9월 17일'이다.― 60갑자 가운데 해[年]를 나타내는 것을 세차(歲次)라 이르고, 달을 나타내는 것을 월건(月建)이라 이르며, 날을 나타내는 것을 일진(日辰)이라 이르고 시각(時刻)을 나타내는 것을 시진(時辰)이라 이른다. 이 연·월·일·시의 천간과 지지 8개를 아울러 이르는 말이 곧 '사주팔자(四柱八字)'이다.

〈천간(天干)과 지지(地支)〉

10 천간 (天干)	갑 甲	을 乙	병 丙	정 丁	무 戊	기 己	경 庚	신 辛	임 壬	계 癸		
12 지지 (地支)	자 子 쥐	축 丑 소	인 寅 범	묘 卯 토끼	진 辰 용	사 巳 뱀	오 午 말	미 未 양	신 申 잔나비	유 酉 닭	술 戌 개	해 亥 돼지

〈60 갑자(甲子) 일람표〉

갑자 甲子	을축 乙丑	병인 丙寅	정묘 丁卯	무진 戊辰	기사 己巳	경오 庚午	신미 辛未	임신 壬申	계유 癸酉
갑술 甲戌	을해 乙亥	병자 丙子	정축 丁丑	무인 戊寅	기묘 己卯	경진 庚辰	신사 辛巳	임오 壬午	계미 癸未
갑신 甲申	을유 乙酉	병술 丙戌	정해 丁亥	무자 戊子	기축 己丑	경인 庚寅	신묘 辛卯	임진 壬辰	계사 癸巳
갑오 甲午	을미 乙未	병신 丙申	정유 丁酉	무술 戊戌	기해 己亥	경자 庚子	신축 辛丑	임인 壬寅	계묘 癸卯
갑진 甲辰	을사 乙巳	병오 丙午	정미 丁未	무신 戊申	기유 己酉	경술 庚戌	신해 辛亥	임자 壬子	계축 癸丑
갑인 甲寅	을묘 乙卯	병진 丙辰	정사 丁巳	무오 戊午	기미 己未	경신 庚申	신유 辛酉	임술 壬戌	계해 癸亥

(2) 세차(歲次)

대개 전국시대 이래로 오성(五星) 중 목성(木星)을 '해[年]를 나타내는 별'이라 하여 '세성(歲星)'이라 불렀는데, 이는 그 공전주기가 약 12년이라는 사실을 알았기 때문이다. 오늘날 확인된 목성의 공전주기는 약 11.86년으로서, 12태양년에 매우 근사하다. 세성(歲星)은 황도상의 12차(十二次)를 반시계방향으로 — 서에서 동으로 — 해마다 1차(一次)씩 옮겨간다.[34) 여기에 착안하여 세성의 소재(所在)로써 해[年度]를 표기하는 방법이 나오게 되었다. 즉 세성이 어느 해에 성기(星紀)의 위치에 머물러 있다면 그 해는 '세성이 성기의 자리에 있는 해[歲在星紀]'라고 표기하고, 그 다음 해는 '세성이 현효의 자리에 있는 해[歲在玄枵]'라는 식으로 표기하였으니, 이를 '세성기년법(歲星紀年法)'이라 이른다.

한편 옛날 사람들에게는 12진(十二辰)의 관념이 있었다. 이 12진은 황도 부근의 12등분(等分) 한 하늘을 가지고 동쪽에서 서쪽을 향해 12지(支)와 짝을 지은 것이므로, 그 배열 방향과 순서가 12차와는 정반대이다. — 동쪽에서 서쪽을 향해 시계방향으로 배열된다. —[35)

---

34) 제2장의 주 15) 및 제3장의 주 14) 참조.
35) 12진(十二辰)은 천구상의 황도 내지 적도를 12지(十二支)로써 12등분 (等分) 한 것이다. 그 순서는 해와 달의 일주운동(日周運動)에 맞추어 동쪽에서 서쪽으로 향한다.
 '진(辰)'은 원래 시진(時辰)·일진(日辰)·삼진(三辰) 등 여러 가지 뜻 으로 쓰이지만, 여기서 말하는 12진(十二辰)의 '辰'은 천구상에서 해와 달이 합삭(合朔) 때 1년에 12번 만나는 곳을 이르는 말이다. 그리고 '12진'이라는 명칭은 해와 달의 만남이 12지(支)의 '辰'에 해당하는 동 방 창룡(蒼龍)의 각(角)·항(亢)을 출발점으로 삼아 처음 이루어진다고 본 데에서 붙여진 것이다.
 12지(支)를 12차(次)에 대응(對應)시키면 다음과 같다.

여기에서 12지의 방향으로 운행하는 '가상(假想)의 세성'을 별도
로 상정하고 이를 '태세(太歲)' - 일명 태음(太陰) 또는 세음(歲陰) - 라
이르게 되었다. 그리하여 어느 해에 세성이 성기(星紀)의 위치에
있을 경우 태세는 석목(析木)에 있게 되므로 그 해를 '태세가 인
의 방향에 있는 해[太歲在寅]'라 표기하고 그 다음 해에 세성이
현효(玄枵)의 위치에 있게 되면 태세는 대화(大火)에 옮겨 있게
되므로 '태세가 묘의 방향에 있는 해[太歲在卯]'라는 식으로 표
기한 것이다. 이처럼 세성기년법과는 상반되는 이 방법을 '태세
기년법(太歲紀年法)'이라 이른다.36) 갑인(甲寅)·을묘(乙卯)를 연
봉알봉섭제격(閼逢攝提格)·전몽선연선알(旃蒙單閼) 따위의 고갑자
(古甲子)로 적는 기년법은 바로 이 태세기년법이다. - 연봉(閼逢)·
전몽(旃蒙) …… 소양(昭陽) 등을 세양(歲陽)이라 이르는데, 이는 10간(干)에 해
당한다. 또 섭제격(攝提格)·선연(單閼) …… 적분약(赤奮若) 등을 세음(歲陰)이
라 이르는데, 이는 12지(支)에 해당한다. - 37)

◦ 12차(동향) : 星紀 玄枵 娵訾 降婁 大梁 實沈 鶉首 鶉火 鶉尾 壽星 大火 析木
◦ 12지(서향) : 　丑　子　亥　戌　酉　申　未　午　巳　辰　卯　寅

36)　王力,『古代漢語』, 中華書局, 1999, 北京, 851·852쪽.
37)　『爾雅』「釋天」 참조.

<그림 8> 세성(歲星)과 태세(太歲)의 운행 방향

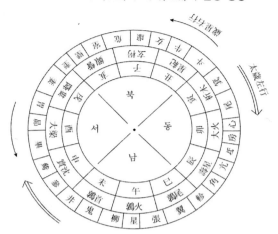

위의 그림을 이용하여 세성(歲星)의 소재 및 태세(太歲)의 소
재가 서로 대응하는 관계와 그에 따른 태세년명(太歲年名)─곧
세음(歲陰)의 명칭이다.─을 정리해 보면 다음과 같다.

세성소재	성기 (축)	현효 (자)	취자 (해)	강루 (술)	대량 (유)	실침 (신)	순수 (미)	순화 (오)	순미 (사)	수성 (진)	대화 (묘)	석목 (인)
태세소재	인 (석목)	묘 (대화)	진 (수성)	사 (순미)	오 (순화)	미 (순수)	신 (실침)	유 (대량)	술 (강루)	해 (취자)	자 (현효)	축 (성기)
태세년명	섭제격 攝提格	선연 單閼	집서 執徐	대황락 大荒落	돈장 敦牂	협흡 協洽	군탄 涒灘	작악 作噩	엄무 閹茂	대연헌 大淵獻	곤돈 困頓	적분약 赤奮若

그러나 세성(歲星)이 정확하게 1태양년마다 1개의 성차를 지
나가지 않음을 알게 되면서부터 태세기년법이 점차 폐기되었
고,38) 그 대신 60갑자로써 기년(紀年)하는 간지기년법(干支紀年

―――――――――――

38) 목성(木星)의 공전주기가 약 11.8622년이므로, 12태양년에 비해 약
1.0116배(12 ÷ 11.86) 빠르다. 그러므로 약 86년이 지나면 목성이 하나

法)이 나오게 되었다. 간지기년법상의 지지(地支)는 단지 추상적으로 기년 순서를 나타낼 뿐이며, 이미 세성·태세의 소재와는 아무런 관계가 없게 된 것이다. 이때의 60간지를 '세차(歲次)'라 이르는데, 이는 원래 '세성(歲星)이 머무는 성차(星次)'라는 뜻에서 나온 말이지만 지금은 그냥 '세재~(歲在~)'라는 말과 같은 뜻으로 쓰이기도 한다. 여기에서 '세(歲)' 자도 '세성(歲星)'의 의미를 벗어나 '년(年)'과 동의어가 되고 말았다.

간지기년법은 대개 후한(後漢) 때 생겼다고 하는데,─일반적으로 장제(章帝) 때의 『사분력(四分曆)』에서 비롯된 것으로 본다.─ 이 방법에 의하면 60갑자의 순환이 끊임없이 반복된다. 후한 시대 이전의 역사연표(歷史年表) 등에 붙어 있는 간지는 후세 사람들이 역산(逆算)하여 달아 놓은 것이며, 오늘날 쓰고 있는 간지는 그 뒤 계속 이어져 내려온 것이다. 애당초 어느 임금의 치세(治世)를 기준으로 '아무 임금 즉위 몇 년'이라고 하는 식으로 기년하던 방법에 비하면, 간지기년법은 지역적으로 널리 쓰일 수 있는 보편성을 띠게 된 것이다.

의 성차를 앞질러 가게 되는 초진(超辰) 현상이 생기게 된다.

〈고갑자(古甲子) 일람표〉

천간(天干)	세양(歲陽)		지지(地支)	세음(歲陰)	12 차(次)
	『爾雅』	『史記』		『爾雅』	
갑(甲)	연봉(閼逢)	언봉(焉逢)	자(子)	곤돈(困敦)	현효(玄枵)
을(乙)	전몽(旃蒙)	단몽(端蒙)	축(丑)	적분약(赤奮若)	성기(星紀)
병(丙)	유조(柔兆)	유조(游兆)	인(寅)	섭제격(攝提格)	석목(析木)
정(丁)	강어(强圉)	강오(疆梧)	묘(卯)	선연(單閼)	대화(大火)
무(戊)	저옹(著雍)	도유(徒維)	진(辰)	집서(執徐)	수성(壽星)
기(己)	도유(屠維)	축리(祝犁)	사(巳)	대황락(大荒落)	순미(鶉尾)
경(庚)	상장(上章)	상양(商陽)	오(午)	돈장(敦牂)	순화(鶉火)
신(辛)	중광(重光)	소양(昭陽)	미(未)	협흡(協洽)	순수(鶉首)
임(壬)	현익(玄黓)	횡애(橫艾)	신(申)	군탄(涒灘)	실침(實沈)
계(癸)	소양(昭陽)	상장(商章)	유(酉)	작악(作噩)	대량(大梁)
			술(戌)	엄무(閹茂)	강루(降婁)
			해(亥)	대연헌(大淵獻)	취자(娵訾)

* 고갑자를 사용한 기년(紀年) 예(例) : 壬辰年＝玄黓執徐
　　　　　　　　　　　　　　　　 甲申年＝閼逢涒灘

　오늘날 세계적으로 널리 쓰이고 있는 기년법(紀年法)은 잘 알다시피 '서력 기원법(西曆紀元法)'이다. ─우리 나라는 이를 1962년부터 써 오고 있다.─ 여기에서 서기 연도(西紀年度)를 태음태양력상의 간지 기년으로 바꾸어 나타내는 방법을 알아보기로 하자.[39] ─이는 우리나라의 역사는 물론, 동양학 등을 공부하는 데 상당히 유용할 것이다.─

　① 먼저 10간과 12지에 다음과 같이 번호를 부여하여 서로 짝을 짓는다.

　　10천간 : 갑　을　병　정　무　기　경　신　임　계
　　번호 T : 1　 2　 3　 4　 5　 6　 7　 8　 9　 0

---

39) 梁宗巨, 『數學歷史典故』, 遼寧敎育出版社, 2000, 沈陽. 510～512쪽.

12지지 : 자 축 인 묘 진 사 오 미 신 유 술 해
번호 D : 1   2   3   4   5   6   7   8   9 10 11   0

② 환산하려는 서기 연도 'Y'에서 '3'을 뺀다. 왜냐하면 서기 3년이 60갑자의 맨 마지막에 해당하는 계해년이고, 서기 4년이 60갑자의 첫 번째에 해당하는 갑자년이기 때문이다. 다시 말해, 갑년(甲年)과 자년(子年)에 각각 천간 번호 1과 지지 번호 1을 대응시키기 위해서이다.

③ 'Y-3'을 60의 n배수(倍數)로써 감(減)하여 60미만의 나머지 수 'R'을 구한다.

④ 'R'을 '10'의 n배수로써 감하여 10미만의 나머지 수 r'를 구하고, 또 '12'의 n배수로써 감하여 12미만의 나머지 수 r"를 구한다. 그런 다음 이 r'와 r"를 각각 천간 번호 'T'와 지지 번호 'D'에 대응시키면 바로 천간과 지지가 얻어진다.

위의 설명에 기초하여 서기 연도를 간지로 환산하는 공식을 만들면 다음과 같다.

$$(Y-3)-60n = R. \quad R-10n = r' = T. \quad R-12n = r" = D.$$

⑤ 서기 기원전(B.C.)의 간지를 구할 때는, 일반적으로 서기 0년이 없으므로, 이 경우에는 환산하려는 서기 연도 'Y'에서 '3'을 뺀 다음에 다시 '1'을 더해 준다.

아래에서 몇 개의 환산 예를 실제 들어 보기로 한다.

예) 서기 2003년을 간지로 환산한다.

$$(2003-3)-60n = 20(R). \quad 20-10n = 0(r'). \quad T0 = 계.$$

$$20 - 12n = 8(r'').\quad D8 = \text{미}.$$

$$\therefore 2003\text{년} = \text{계미년}.$$

예) 서기 1592년을 간지로 환산한다.

$$(1592 - 3) - 60n = 29(R).\quad 29 - 10n = 9(r').\quad T9 = \text{임}.$$

$$29 - 12n = 5(r'').\quad D5 = \text{진}.$$

$$\therefore 1592\text{년} = \text{임진년}.$$

예) 서기 기원전 1년을 간지로 환산한다.

$$(-1 - 3 + 1) - \{60 \times (-1)\} = 57(R).\quad 57 - 10n = 7(r').\quad T7 = \text{경}.$$

$$57 - 12n = 9(r'').\quad D9 = \text{신}$$

$$\therefore -1\text{년} = \text{경신년}$$

예) 서기 기원전 403년 ─ 주(周) 나라 위열왕(威烈王) 23년 ─ 을 간지로 환산한다.

$$(-403 - 3 + 1) - \{60 \times (-7)\} = 15(R).\quad 15 - 10n = 5(r').\quad T5 = \text{무}.$$

$$15 - 12n = 3(r'').\quad D3 = \text{인}.$$

$$\therefore -403\text{년} = \text{무인년}.$$

예) 서기 기원전 722년 ─ 『춘추』 기년의 노 은공(魯隱公) 1년 ─ 을 간지로 환산한다.

$$(-722 - 3 + 1) - \{60 \times (-13)\} = 56(R).\quad 56 - 10n = 6(r').\quad T6 = \text{기}.$$

$$56 - 12n = 8(r'').\quad D8 = \text{미}.$$

$$\therefore -722\text{년} = \text{기미년}.$$

(3) 월건(月建)

옛날 사람들은 매월마다, 정확하게는 매 절월(節月)의 중기(中

氣) 때마다, 초저녁[初昏]에 북두칠성(北斗七星)을 관찰하면 그 자루[斗杓]가 30도씩 시계방향으로 좌선(左旋)하면서 — 지구의 공전으로 인해 천구상에서 북두칠성의 자루는 동쪽에서 서쪽으로, 즉 시계바늘 방향으로, 회전한다. 육안으로 쳐다보는 밤하늘에서는 반시계방향이다. — 12지(支)를 하나씩 '가리킨다[建]'고 보았다. 이렇게 되면 1년은 12개월이고 지지(地支)도 12개이므로, 매월에 하나의 지지가 배당되게 된다. — 12지지는 당초부터 12개월의 순서를 나타내는 도구로 고안된 것인 듯하다. — 40) 이것이 월건(月建)의 관념이다. 구체적으로 하(夏) 나라의 역월을 기준으로 보면, 두표(斗杓)는 11월의 동지[겨울]에 자(子)의 방향을 가리키고[建子], 12월에 축(丑)의 방향을 가리키고[建丑], 정월에 인(寅)의 방향을 가리키며, 2월의 춘분[봄]에 묘(卯)의 방향을 가리키게 되어[建寅] 각각 자월(子月)·축월(丑月)·인월(寅月)·묘월(卯月)이 되는 따위이다. — 두표가 춘·하·추·동을 통해 술시(戌時) 경에 각각 동·남·서·북을 가리킨다. 또 여기에서 주(周) 나라의 역(曆)이 11월을 자월(子月)로 쳐서 세수(歲首)로 삼았음을 알 수 있다. — 윤달[閏月]에는 중기(中氣)가 없으므로 두표(斗杓)는 두 개의 지지(地支) 가운데 부분을 가리키게 되고, 따라서 월건도 배당되지 않는다. 후세로 내려오면서 이 지지에 천간(天干)까지 덧붙여 60간지로써 달을 표시하게 되었는데, 그 결과 매월의 월건은 60개월 즉 5년을 주기로 순환하게 되었다. 그렇게 하더라도 매월에 배정된 지지 자체는 물론 변함이 없다. 이처럼 간지로써 매월의 월건을 표시하는 방법을 간지기월법(干支紀月法)이라 한다.

계년(癸年)의 동짓달과 12월의 월건이 각각 갑자(甲子)·을축(乙丑)이고 그에 뒤이은 갑년(甲年)의 정월과 2월의 월건이 각각

---

40) 이은성, 『曆法의 原理分析』, 정음사, 1985, 서울, 190쪽.

병인(丙寅)·정묘(丁卯)가 되는 식으로, 월건은 60간지의 순서대로 계속 순환한다. 여기에서 월건을 쉽게 알아낼 수 있는 다음의 구결(口訣)이 만들어졌다.

甲己之年丙寅頭
(갑기지년병인두)　갑년과 기년의 월건은 병인으로 시작되고,

乙庚之年戊寅頭
(을경지년무인두)　을년과 경년의 월건은 무인으로 시작된다.

丙辛之年庚寅頭
(병신지년경인두)　병년과 신년의 월건은 경인으로 시작되고,

丁壬之年壬寅頭
(정임지년임인두)　정년과 임년의 월건은 임인으로 시작되며,

戊癸之年甲寅頭
(무계지년갑인두)　무년과 계년의 월건은 갑인으로 시작된다.

참고로, 기월법(紀月法)과 관련하여 12달의 월명(月名)과 그 별칭(別稱)을 정리해 보면 대개 다음 표와 같다.

월명(月名) / 전거(典據)	1월	2월	3월	4월	5월	6월	7월	8월	9월	10월	11월	12월
十二支	寅月	卯月	辰月	巳月	午月	未月	申月	酉月	戌月	亥月	子月	丑月
24 節氣 / 中氣	立春 雨水	驚蟄 春分	淸明 穀雨	立夏 小滿	芒種 夏至	小暑 大暑	立秋 處暑	白露 秋分	寒露 霜降	立冬 小雪	大雪 冬至 至月 南至 葭月	小寒 大寒
『禮記·月令』 月名	孟春	仲春	季春	孟夏	仲夏	季夏	孟秋	仲秋	季秋	孟冬	仲冬 暢月	季冬
『禮記·月令』 十二律	大簇 (태주)	夾鍾	姑洗 (고선)	中呂	蕤賓 (유빈)	林鍾	夷則	南呂	无射 (무역)	應鍾	黃鍾	大呂
『爾雅·釋天』 月名	陬月	如月	寎月	余月	皐月	且月	相月	壯月	玄月	陽月	辜月	涂月
『周易』 十二辟卦 (십이벽괘)	泰月	大壯月	夬月	乾月	姤月	遯月	否月 (비월)	觀月	剝月	坤月	復月 陽復	臨月
『詩經·豳風』 七月篇							流火		授衣			
『春秋左氏傳』										良月		
一 般	初春 元月 端月 肇歲 靑陽 孟陽 正陽 孟陬 月正	令月 麗月 桃月 仲陽 華朝 陽中 惠風 酣春	暮春 晚春 花月 嘉月 蠶月 載陽 殿春 中和	初夏 始夏 維夏 新夏 槐夏 麥秋	梅月 鶉月 雨月 蒲月 梅夏 梅天 暑月 薰風 蜩月 鳴蜩 長至 榴月	晚夏 季夏 伏月 流月 螢月 朝月 常夏 災陽 蟬羽月	初秋 凉月 冷月 桐月 瓜月 蟬月 棗月 新秋 上秋	桂月 素月 巧月 佳月 雁月 寒旦	暮秋 晚秋 菊月 詠月 殘秋 高秋 霜辰	初冬 小春 小陽春 上冬 肇冬		暮冬 晚冬 嚴月 臘月 蠟月 除月 氷月 暮歲 暮節 窮冬 嘉平

(4) 일진(日辰)

60간지로써 날짜를 표기하는 방법이 일진(日辰)인데, 이는 매일의 날짜에 60갑자를 순차적으로 붙여 나감으로써 기일(紀日)하는 것이다. 가령 어느 날의 일진이 갑자(甲子)라면 그 다음 날 이후로는 순서대로 순산(順算)하여 을축(乙丑)·병인(丙寅)·정묘(丁卯) 등이 되고, 갑자일(甲子日) 이전의 날은 순서대로 역산(逆算)하여 계해(癸亥)·임술(壬戌)·신유(辛酉) 등이 되는 식으로 무한히 반복·계속된다.

이러한 기일(紀日) 방법은 멀리 은(殷) 나라 때의 갑골문(甲骨文)에서도 그 예가 발견될 정도로 유래가 오래된 것이다. 이 기일법(紀日法) 역시 당초에는 천간(天干)만으로 기일하다가 후세로 내려오면서 지지(地支)를 결합하여 기일하는 식으로 발전되었다.

일진 중에서도 특히 '매월 초하루' 곧 '삭(朔)'의 일진이 중시되었는데, 그 이유는 이를 근거로 해당월 중의 어느 날이든지 그 일진을 모두 따져 낼 수 있다는 점과 달[曆月]의 대·소를 확인할 수 있기 때문이다. 더욱이 정삭법(定朔法)을 채택한 이후로는 매월 초하루가 달(moon)의 삭(朔)과 일치하게 되어 초하루의 일진은 바로 삭(朔)의 일진과 일치하게 된다. 그리고 지역이나 나라에 따라 역일(曆日)은 다를 수 있을지라도, 같은 날 같은 일진으로 한번 출발한 이상에는 그 일진은 나라와 국경을 초월하여 항상 서로 동일할 수밖에 없다. 따라서 이 역시 보편성을 지닌 기일 방법이 될 뿐만 아니라 날짜 표기를 잘못할 가능성을 줄이는 수단도 된다.

(5) 시진(時辰)

하루 중의 시간을 12등분(等分)한 한 개의 단위가 한 시진(時辰)이다. 이는 12지지(地支)와 대응하여 한밤중의 야반(夜半)이 자시(子時)이고, 이로부터 2시간 간격으로 축시(丑時)·인시(寅時)·묘시(卯時) …… 해시(亥時)로 순환하면서 하루하루 반복된다.―매 시진을 다시 초(初)와 정(正)으로 구분하면, 자초(子初)는 23시이고 자정(子正)은 0시이며, 축초(丑初)는 1시이고 축정은 2시이다. 이러한 식으로 계속 따져 나가면 해초(亥初)는 21시이고 해정(亥正)은 22시이다.― 이 시진에다 지지 외에 천간까지 함께 배당하여 시간을 나타내는 방법이 간지기시법이다.

시진의 간지를 쉽게 파악하기 위한 수단으로, 해당 날짜의 일진을 기준하여 다음과 같은 구결이 만들어졌다.

甲己日甲子時(갑기일갑자시)　갑일과 기일은 갑자시로 시작되고,
乙庚日丙子時(을경일병자시)　을일과 경일은 병자시로 시작된다.
丙辛日戊子時(병신일무자시)　병일과 신일은 무자시로 시작되고,
丁壬日庚子時(정임일경자시)　정일과 임일은 경자시로 시작되며,
戊癸日壬子時(무계일임자시)　무일과 계일은 임자시로 시작된다.

7) 명절(名節)과 잡절(雜節)

(1) 명절(名節)

우리나라에서는 예로부터 설[正朝]·한식(寒食)·단오(端午)·

추석(秋夕)을 4대 명절로 꼽아 왔다. 이 밖에도 정월 대보름, 삼
진날[上巳日], 초파일(初八日), 칠석(七夕), 중원(中元), 중양절(重
陽節), 동지(冬至) 등이 명절로 꼽힌다. 각 명절의 유래나 그 풍
속에 대한 설명은 가능한 한 생략하고, 그 날짜를 위주로 열거
한다.

◦ 설날[正朝·元日] : 음력 정월 초하룻날로, 음력의 세수(歲首)이다.

◦ 인일(人日) : 음력 정월 초이렛날이다. 전해 오는 말에, 정월
  초하룻날은 닭 날[酉日], 초이틀은 개 날[戌日], 초사흘은 돼
  지 날[亥日], 초나흘은 양 날[未日], 초닷새는 소 날[丑日],
  초엿새는 말 날[午日]이고, 초이레는 사람의 날[人日]이며,
  초여드레는 곡식의 날[穀日]이라 한다.

◦ 정월 대보름[上元] : 음력 정월 15일이다. 원소절(元宵節)이
  라고도 한다.

◦ 영등날(靈登-) : 음력 2월 1일이다.

◦ 석전일(釋奠日) : 음력 2월과 8월의 첫 번째 정일[上丁日]로,
  공자(孔子)를 모신 문묘(文廟)에 제사를 올리는 날이다.

◦ 삼진날[重三日] : 음력 3월 3일이다. 이날 개울에서 몸을 씻
  어 재액을 떨쳐낸다[祓除].-이를 '수계(修禊)한다'고 이른다.- 원
  래는 이를 3월 상순의 사일[上巳日]에 행했으나, 중국의 삼
  국시대 이후 3월 3일로 고정되었다.

◦ 한식(寒食) : 동지 후 105일째 되는 날이다. 이 날은 청명(淸
  明)과 겹치는 날이거나 그 다음 날이어서, 양력으로 4월 5
  일 또는 6일이다.

◦ 초파일(初八日) : 음력 4월 8일이다.

◦ 단오(端午) : 음력 5월 5일이다. 수릿날[水瀨日·戍衣日]이라
고도 이른다. ─주악[糉子]을 물에 던져 굴원(屈原)에게 제사 지낸 데서 유래되
었다. ─

◦ 유두(流頭) : 음력 6월 15일이다.

◦ 칠석(七夕) : 음력 7월 7일이다.

◦ 중원(中元) : 음력 7월 15일이다. 백중일(百中日)이라고도 일컫는다.

◦ 추석(秋夕) : 음력 8월 15일이다.

◦ 중양절(重陽節) : 음력 9월 9일이다.

◦ 동지(冬至) : 양력 12월 22일이다.

◦ 제석(除夕) : 음력 섣달그믐이다.

(2) 잡절(雜節)

◦ 사일(社日) : 봄과 가을에 각각 사일이 있는데, 춘사(春社)는
입춘 후 제5 무일(戊日)이고 추사(秋社)는 입추 후 제5 무일
(戊日)이다. 양력으로 치면 전자는 3월 17일~26일경에 들
고, 후자는 9월 18일~27일경에 든다. 이날 토신(土神)·곡
신(穀神) ─곧 사(社)·직(稷)이다. ─에게 제사를 지낸다.

◦ 삼복(三伏) : 세 개의 복일(伏日)로, 하지 이후의 제3·제4 경
일(庚日)을 초복(初伏)·중복(中伏)이라 하고, 입추 이후 제1
경일(庚日)을 말복(末伏)이라 한다. 또 6월의 복일에 지내는
제사를 복제(伏祭)라 이르는데, 이는 12월에 지내는 납제(臘
祭)와 대응된다. ─복제와 납제를 아울러 '복랍(伏臘)'이라 일컫는다. ─

◦ 납일(臘日) : 우리나라에서는 동지 후 제3 미일(未日)인데,

납향일(臘享日)이라고도 이른다. 절기로는 대한(大寒) 전후, 양력으로는 1월 16일~27일경에 든다. 이날 종묘(宗廟)와 사직(社稷)에 한 해의 농형(農形)을 고하는 제사를 지낸다. '납(臘)'은 원래 여러 귀신들[百神]에게 또는 윗대 조상들에게 지내는 제사의 이름이다. 중국에서는 음력 12월 8일을 납일로 친다.─그러나 『설문해자(說文解字)』에 의하면, 동지 후의 세 번째 술일(戌日)이다.─ 음력 12월을 '납월(臘月)'이라고 일컫는 것은 이 달이 납제(臘祭)를 지내는 달이기 때문이다.

4. 『서경(書經)·요전(堯典)』의 "기삼백 (朞三百)" 읽어보기

1) 『서경·요전』의 정문(正文)과 「채전(蔡傳)」

지금까지 살펴본 천문학과 역법에 관한 지식을 토대로 이제 『서경(書經)·요전(堯典)』에 나오는 "기삼백(朞三百)" 조(條)[1]의 정문(正文)－본문(本文)인 경문(經文)－과 그 주석(注釋)을 음미해 보기로 한다. 독본(讀本)으로 삼은 책은 물론 채침(蔡沈)의 『서경집전(書經集傳)』이다. 이제 별도의 설명이 없어도 그 내용을 이해하는 데 별 무리가 없을 것이다. 편의상 번역문과 원문을 나란히 실었으며, 주석은 적당히 끊어서 몇 개의 문단으로 나누었다.

---

1) '기삼백(朞三百)'이란 '1주년[1 태양년]의 날수는 366일이다[朞三百有六旬有六日]'의 준말이다. 그러나 일반적으로 '기삼백'이라 하면 이 말에 딸린 『서경(書經)』「요전(堯典)」의 한 구절을 통틀어 일컫는 것으로 이해되고 있다. 즉, "1년은 366일이니, 윤달을 사용하여 네 계절을 일정하게 하여야만 한 해[1태양년]를 이루게 되며, 그리고 진실로 백관들을 잘 다스려 모든 사업이 다 확장될 것이다."라는 구절 전체를 가리켜 '기삼백(朞三百)' 또는 '기삼백 조(朞三百條)'라 이르는 것이다.

(1)『서경·요전』의 '기삼백(朞三百)' 정문(正文)

제요(帝堯)가 말했다. "아! 희씨(羲氏)와

화씨(和氏)여. 1년은 366일이니,

윤달을 사용하여 네 계절을 일정하게 하여야만 한 해

[1태양년]를 이루게 되며, 그리고 진실로 백관들을

잘 다스려 모든 사업이 다 확장될 것이다."

'제요(帝堯)'는 태평성대로 불리는 요순(堯舜) 시대의 '요(堯) 임금'(B.C. 2357 즉위)이다. 그는 대개 지금으로부터 약 2천 3,4 백 년 전에 활동한 전설상의 인물로 알려져 있다. '희씨(羲氏)' 와 '화씨(和氏)'는 모두 대대로 천문을 관찰하고 농사철을 알려 주는 일을 맡았던 관원이다. '기(朞)'는 해가 한 번 바뀌는 '주년 (周年)'으로, 곧 1년이다. 위의 정문에서 1년을 '$365\frac{1}{4}$일'이라 하지 않고 '366일'이라 이른 것은 성수(成數)—우수리가 없는 정수(整數)—

帝曰 : "咨! 汝羲曁

和. 朞三百有六旬有六

日, 以閏月定四時, 成

歲. 允釐百工, 庶績咸

熙."

를 들어 말한 것이다. 또 "기삼백(朞三百)"의 바로 앞에는 '네 계
절에 따른 해[日]의 길이와 4개 중성(中星)[2]의 위치 등을 파악하
여 백성들에게 시절을 알려준다'고 하는 이른바 '관상수시(觀象
授時)'에 관한 기록이 보이는데, 그것을 참고삼아 옮겨보면 다음
과 같다.

---

2) '중성(中星)'이란 28수(宿) 등의 별로서 철마다 (또는 달마다) 차례대로
초저녁의 남쪽 하늘 한 가운데에 위치하게 된 것을 이른다.

"〔요(堯) 임금이〕 이에 희씨(羲氏)와 화씨(和氏)에게 명하기를, '광대한 하늘의 법칙을 경건히 따르도록 하되, 일(日)·월(月)·성(星)·진(辰)의 운행을 계산하고 관찰하여 공경히 백성들에게 계절을 알려주도록 하라.'고 하였다. 희중(羲仲)에게 분명(分命)하기를, '우이(嵎夷)에 살도록 하라. 그곳을 양곡(暘谷)이라 하니, 위로 떠오르는 동쪽의 해를 공손히 맞아 봄철의 파종하는 때를 평질(平秩)하도록 하라. 해의 길이는 장단(長短)의 가운데이고 중성(中星)은 순화(鶉火)이니, 이로써 춘분(春分)으로 삼아라. 이 때 백성들은 흩어져 일하게 되고 조수(鳥獸)들은 알을 품거나 교미를 하게 된다.'고 하였다. 희숙(羲叔)에게 신명(申命)하기를, '남교(南交)에 살도록 하라. 여름철의 김매는 때를 평질하도록 하며, 남쪽의 해를 공경히 맞이하라. 해의 길이는 길고 중성은 대화(大火)이니, 이로써 하지(夏至)로 삼아라. 이때 백성들은 더욱 흩어져 일하게 되고 조수들은 털이 빠지게 된다.'고 하였다. 화중(和仲)에게 분명하기를, '서쪽에 살도록 하라. 그곳을 매곡(昧谷)이라 하니, 아래로 지는 서쪽의 해를 공손히 보내어 가을철의 수확하는 때를 평질하도록 하라. 밤의 길이는 장단의 가운데이고 중성은 허성(虛星)이니, 이로써 추분(秋分)으로 삼아라. 이때 백성들은 화평(和平)하게 되고 조수들은 털이 새로 돋아나게 된다.'고 하였다. 화숙(和叔)에게 신명하기를, '삭방(朔方)에 살도록 하라. 그곳을 유도(幽都)라 하니, 송구영신(送舊迎新)의 때를 고르게 살피도록 하라. 해의 길이는 짧고 중성은 묘성(昴星)이니, 이로써 동지(冬至)로 삼아라. 이때 백성들은 실내의 따뜻한 곳에 거처하게 되고 조수들은 솜털이 돋아나게 된다.'고 하였다."[3]

---

3) 『書經』 「堯典」: "乃命羲和, 欽若昊天, 曆象日月星辰, 敬授人時. 分命羲仲, 宅嵎夷, 曰暘谷, 寅賓出日, 平秩東作. 日中, 星鳥, 以殷仲春. 厥民析, 鳥獸孶尾. 申命羲叔, 宅南交, 平秩南訛, 敬致. 日永, 星火, 以正仲夏. 厥民因, 鳥獸希革. 分命和仲, 宅西, 曰昧谷, 寅餞納日, 平秩西成. 宵中, 星虛, 以殷仲秋. 厥民夷, 鳥獸毛毨. 申命和叔, 宅朔方, 曰幽都, 平在朔易, 日短, 星昴, 以正仲冬. 厥民隩, 鳥獸氄毛."

앞의 내용은 오늘날의 연구 결과 지금으로부터 약 3, 4천년 전의 천상(天象)을 기록한 것이라 한다. 아무튼 우리는 이러한 기록과 아울러 "기삼백" 등을 통해 까마득한 요순 시대에도 이미 연(年)·월(月)·일(日)·사계(四季)·윤월(閏月) 등에 대한 역법상의 개념이 명확히 있었음을 확인할 수 있다.

(2) '기삼백(朞三百)'에 대한 채침(蔡沈)의 주석(注釋) ―「채전(蔡傳)」

'咨(자)'는 '감탄사'이니, 감탄사를 발하며 일러 줄 때 쓰는 말이다. '暨(기)'는 '및[及]'이다. '朞(기)'는 '일주년(一週年)'이다. '允(윤)'은 '진실로[信]'의 뜻이고, '釐(리)'는 '다스리다[治]'의 뜻이며, '工(공)'은 '官(관)', '庶(서)'는 '뭇[衆]', '績(적)'은 '실적[功]', '咸(함)'은 '모두 다[皆]', '熙(희)'는 '넓다[廣]'의 뜻이다.

하늘은 형체가 지극히 둥근데, 그 둘레가 365와 $\frac{1}{4}$도(度)이다. 그것은 땅을 둘러싼 채 왼쪽으로 돌되, 늘 하루에 한 바퀴를 돌고 1도를 지나친다. [제①단] ― 앞의 제2장 제1절 참조.

해는 하늘에 붙어 있는데, 조금 느리다. 그러므로 해가 하루 동안 운행하는 것도 땅을 둘러싸고 한 바퀴를 돌되 하늘에 비해 ― 항성에 대해 ― 1도를 못 미친다.

咨, 嗟也. 嗟嘆而告

之也. 暨, 及也. 朞,

猶周也. 允, 信. 釐,

治. 工, 官. 庶, 衆.

績, 功. 咸, 皆. 熙,

廣也.

　天體至圓, 周圍三百

六十五度四分度之一.

繞地左旋, 常一日一周

而過一度. [제①단]

　日麗天而少遲. 故日

行一日, 亦繞地一周,

而在天爲不及一度.

咨嗟也嗟嘆而告之也暨及也朞猶周也允
信釐治工官庶衆績功咸皆熙廣也天體至
圓周圍三百六十五度四分度之一繞地左
旋常一日一周而過一度日麗天而少遲故
日行一日亦繞地一周而在天爲不及一度

그 결과 365일과

$\frac{235}{940}(=\frac{1}{4})$ 일(日)을 쌓아서 해가

하늘[항성]과 만나게 된다. 이것이 1년 동안 해가 운행하는

도수(度數)이다. [제②단] ― 앞의 제2장 제2절 참조.

　달은 하늘에 붙어 있는데 더욱 느리다. 따라서 하루에

언제나 하늘[항성]에 미치지 못하는 정도가 13과 $\frac{7}{19}$ 도

이다. 그리하여 29일과

$\frac{499}{940}$ 일을 쌓아서 달이

해와 만나게 된다. [제③단] ― 앞의 제2장 제3절 참조.

달이 해와 (1년 동안) 12번을 만나게

되면 온전한 날 348일을 얻게 되고,

그 나머지[餘分]

積三百六十五日九百四十

分日之二百三十五, 而

與天會. 是一歲日行之

數也. [제②단]

　月麗天而尤遲, 一日

常不及天十三度十九分

度之七. 積二十九日九

百四十分日之四百九十

九, 而與日會. [제③단]

　十二會,

得全日三百四十八,

餘

積三百六十五日九百四十分日之二百三

十五兩與天會是一歲日行之數也月麗天

而尤遲一日常不及天十三度十九分度之

七積二十九日九百四十分日之四百九十

九兩與日會十二會得全日三百四十八餘

$\frac{499}{940}$ 의 합산치가 또 $\frac{5,988}{940}$ 일이

된다. 일법(日法) 940으로써 1일을 구하는 분모로

삼아 이 합산치를 나누면 6일을 얻게 되고,

다 나누어지지 않는 여분이 $\frac{348}{940}$ 일이다.

이에 얻게 되는 날수를 통합하여 계산하면 354일과

$\frac{348}{940}$ 일이 된다. 이것이 1년 동안 달이 운행하는

도수이다. [제④단] ― 앞의 제3장 제2절 제1항 참조.

   한 해에는 12개월이 있고 한 달에는 30일이 있으니,

360일은 1년의 날수를 정하는

상수(常數)이다. 그러므로 해가 하늘[항성]과

만나면서

分之積又五千九百八

十八. 如日法九百四十

而一, 得六, 不盡三百

四十八. 通計得日, 三

百五十四九百四十分日

之三百四十八. 是一歲

月行之數也. [제④단]

　歲有十二月, 月有三

十日. 三百六十者, 一

歲之常數也. 故日與天

會, 而

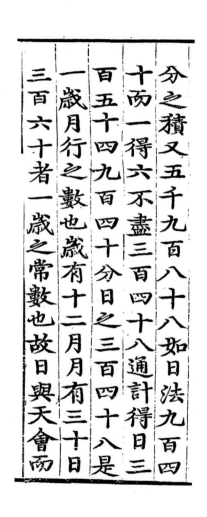

5와 $\dfrac{235}{940}$일을 남기게 된 것이

기영(氣盈)이고,

달이 해와 만나면서

5와 $\dfrac{592}{940}$일을 못 채우게 된 것이

삭허(朔虛)이다. 이 기영과 삭허를

합하여 윤달이 생기게 되므로,

1년의 윤율(閏率 : 윤달로 산입되는 몫)은

10과 $\dfrac{827}{940}$일이다.

[제⑤단] ― 앞의 제3장 제2절 제2항 참조.

　3년에 한 번 윤달을 두면

윤율은 32와

多五日九百四十

分日之二百三十五者爲

氣盈, 月與日會, 而少

五日九百四十分日之五

百九十二者爲朔虛. 合

氣盈朔虛而閏生焉. 故

一歲閏率, 則十日九百

四十分日之八百二十七.

[제⑤단]

　三歲一閏, 則三十二日

九百四十

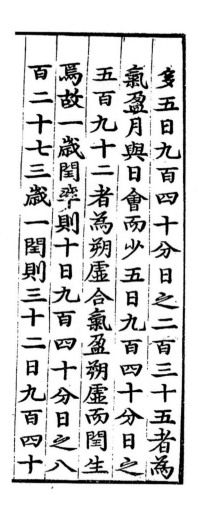

$\frac{601}{940}$ 일이 되고,

5년에 두 번 윤달을 두면

윤율은 54와 $\frac{375}{940}$ 일이 되며,

19년에 일곱 번 윤달을 두면

기영과 삭허의 여분(餘分)이 정제(整齊)되니, 이것이

1장(一章)이다. [제⑥단] ― 앞의 제3장 제3절 제2항 참조.

  그러므로 3년 동안 윤달을 두지 않으면

봄철의 한 달이 여름에 편입되어 계절이

점차 일정하지 않게 되고 자월(子月: 11월) 한 달이

축월(丑月: 12월)로 편입되어 해[歲]가 점차 이루어지지

않게 된다. 이러한 상태를 오래 쌓아 윤달을

分日之六百單

一, 五歲再閏, 則五十

四日九百四十分日之三

百七十五. 十有九歲七

閏, 則氣朔分齊, 是爲

一章也. [제⑥단]

　故三年而不置閏, 則

春之一月入于夏, 而時

漸不定矣. 子之一月入

于丑, 而歲漸不成矣.

積之之久, 至於三

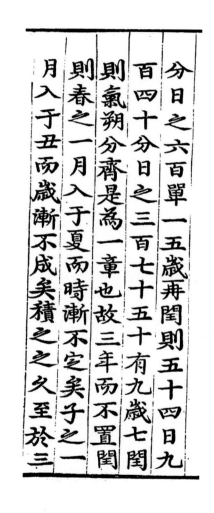

세 번 빠뜨리면

봄 한 철이 모두 여름철에 편입되어 계절이

전혀 일정하지 않게 된다. 윤달을 열두 번 빠뜨리면 자월이

모두 축월로 편입되어 해[歲]가 전혀 이루어지지 않게 된

나머지, 명칭과 실질이 어긋나고 추위와 더위가 뒤바뀌어

농사와 양잠 기타 모든 일이 제철을 놓치게 된다.

그러므로 반드시 이 남는 날로써 그 사이에 윤달을 둔

뒤에라야 네 계절이 어긋나지 않게 되고

한 해의 일[농사]이 제대로 이루어지게 된다. 또 이로써

진실로 백관들을 잘 다스려 모든 사업이 다 확장될 것이다.

[제⑦단] ─ 앞의 제3장 제3절 제3항 참조.

失閏,

則春皆入夏, 而時全不

定矣. 十二失閏, 則子

皆入丑, 歲全不成矣.

其名實乖戾, 寒暑反易,

農桑庶務, 皆失其時.

故必以此餘日, 置閏月

於其間, 然後四時不差,

而歲功得成. 以此信治

百官, 而衆功皆廣也.

[제⑦단]

위 채침(蔡沈)의 주석(注釋)에 대해 각 문단별로 그 내용을 요약하면 다음과 같다.

제①단 : '주천도수'와 '하늘[恒星]의 일주운동 및 연주운동' 등을 설명하였다. ─ 앞의 제2장 제1절 참조.

제②단 : '태양[日]의 일주운동 및 연주운동'과 '1태양년의 길이' 등을 설명하였다. ─ 앞의 제2장 제2절 참조.

제③단 : '달의 1일 운행 도수'와 '1삭망월의 길이' 등을 설명하였다. ─ 앞의 제2장 제3절 제2항 및 제3항 참조.

제④단 : '1태음년의 길이'를 설명하였다. ─ 앞의 제3장 제2절 제1항 참조.

제⑤단 : '1세의 윤율(閏率)'을 설명하였다. ─ 앞의 제3장 제2절 제2항 참조.

제⑥단 : '19년 7윤법'을 설명하였다. ─ 앞의 제3장 제3절 제2항 참조.

제⑦단 : '실윤(失閏)의 결과'와 '치윤(置閏)의 필요성'을 설명하였다. ─ 앞의 제3장 제3절 제3항 참조.

2) 『서경대전(書經大全)』에 보이는 여러 학자들의 주석(注釋)

  명(明) 나라 때 호광(胡廣) 등이 『오경대전(五經大全)』을 편찬하기 위해 『서경대전(書經大全)』을 지었는데, 이 책은 채침의 『서경집전』에다 다시 여러 학자들의 주석을 더 보탠 것이다. 이 책에서는 『서경』의 경문을 큰 글씨로 쓰고, 채침의 주석을 큰 글씨로 쓰되 한 자 낮추어 썼으며, 다른 여러 학자들의 주석은 한 자 낮춘 두 줄짜리의 작은 글씨로 썼다. 두 줄짜리의 작은 글씨로 쓴 주석을 세주(細注)라 이르는데, 위 ‘기삼백(朞三百)’ 조에 대한 세주는 주자(朱子)를 비롯하여 진아언(陳雅言)에 이르기까지 13인의 주석을 모은 것이다.

(1) 주자(朱子)의 주석

① 주자(朱子)가 말하였다. "하늘[恒星天][4]은 왼쪽
으로 도는데, 해와 달도 역시 왼쪽으로 돈다. 다만 하늘
[恒星天]의 운행은 굳세어서 하루 낮 하루밤 동안에 한 바
퀴를 돌고 -일주운동- 늘 1도를 더 지나친다. -연주운동- 해
와 달은 하늘[恒星天]과 어긋나서 후퇴하니, 해[日]는 하루
에 1도를 후퇴하고, 달[月]은 하루에 13도 남짓을 후퇴한
다. 천구(天球)를 한 바퀴 도는 -연주운동- 주천도수(周天度
數)가 $365\frac{1}{4}$도이니, 매 해[歲] 속에 단지 360일만
있다면 $5\frac{1}{4}$일을 더 남기게 된다.

또 음력의 작은달에서 생긴 부족한 날 도합 6일[5]을 떼어 내

---

4) 번역문의 '하늘[恒星天]'은 원문의 '天道(천도)'를 번역한 말이다. 여기
에서 '天道'를 글자 그대로 풀이한다면 '하늘[天體]이 운행하는 길', '천
체(天體)의 운행 법칙' 또는 '천체의 운행' 등으로 표현할 수 있겠지만,
그러나 이 '天道'에서 의미의 요소는 '天' 자뿐이며, 따라서 '天道'는 곧
'하늘'을 가리키는 말이라고 생각된다. 그리고 이 '하늘'은 역시 '항성천
(恒星天)'을 의미하는 것이다.

5) 태음태양력의 1년은 평년의 경우 그 날수가 대개 '30일의 큰달[大月]'
6개와 '29일의 작은달[小月]' 6개로 구성된 354일이다. 이는 이른바 '1년
의 상수(常數) 360일'에 비해 6개의 소월(小月)로 인해 6일이 부족한 셈
인데, 이 6일이 곧 삭허(朔虛)이다. 사분력(四分曆)에 의한 1년치 삭허의
정확한 값은 $5\frac{592}{940}$일(약 5.63일)이다.

① 朱子曰 : "天道左
旋, 日月亦只左旋. 但
天行健, 一日一夜而周,
常差過一度. 日月違天
而退, 日是一日退一度,
月是一日退十三度有奇.
周天三百六十五度四分
度之一, 每歲只有三百
六十日, 餘了五日四分
日之一. 又除小月計六

朱子曰天道左旋但日月亦只左旋天行健一日一夜而周常差過一度月退十三度日月違周天三百六十五度四分度之一每歲只有三百六十日餘了五日四分日之一又除小月計六

면, 이로써 윤달을 둘 수 있게 된다. 더 남는 6일

$-5\frac{1}{4}$일－이 기영(氣盈)이고, 부족한 6일이

삭허(朔虛)이다.”

② (또 주자가 말하였다.) “1주년[1태양년]은 366일

(365일)인데도 지금 1년이 354일이라는 것은

삭공(朔空)과 여분(餘分)을 쌓아서

윤달로 삼는다는 뜻이다. ‘삭공’은 6개의 작은달에서

나온 날수이고, ‘여분’은 360일을 기준으로 남게 되는

$5\frac{1}{4}$일이다.”6)

③ (질문하였다.) “어떻게 해서 항성천(恒星天)에 365도의

도수가 있음을 알아내었을까요? 어느 누구가 그것을 재어

보았겠습니까?” (주자가 대답하였다.) “다만 항성천이

운행하여 지나간 곳이 도수이다. 항성천이 지나간

곳은 곧 해가 물러난 곳이다. 또 해와 달이 만나는 곳이

---

6) ‘삭공(朔空)’과 ‘여분(餘分)’은 각각 ‘삭허(朔虛)’·‘기영(氣盈)’과 동의어
   이다.

日, 所以置閏. 所餘六
日爲氣盈, 所少六日爲
朔虛."

② "朞三百有六旬有
六日, 而今一歲三百五
十四日者, 積朔空餘分
以爲閏. 朔空者, 六小
月也, 餘分者, 五日四
分日之一也."

③ "如何見得天有三
百六十五度? 甚麼人去
量來?" "只是天行得過
處爲度. 天之過處, 便
是日之退處. 日月會爲

日所以置閏所餘六日爲氣盈所少六日爲朔虛。朞三百有六旬有六日一歲三百五十四日者積朔空餘分以爲閏朔空者六小月也餘分者五日四分日之一也。如何見得天有三百六十五度甚麼人去量來只是天行得過處爲度天之過處便入是日之退處日月會爲

‘진(辰)’이다.”

④ 질문하였다. “주천도수(周天度數)는

자연의 도수입니까? 사람이 억지로 나눈 것입니까?”

(주자가) 대답하였다. “항성천은 왼쪽으로 도는데,

하루 낮 하루 밤 동안에 한 바퀴를 운행하고 또 1도를

더 지나친다. 항성천이 운행해 간 위치를 가지고 하

루에 1도를 삼으니, (1년 동안) $365\frac{1}{4}$도를

운행하면 바로 1회 주천(周天)하게 된다. 남·북으로

세운 규표(圭表)[7]의 두 기둥만 가지고 관찰할 경우, 오늘

어떤 시각에 관찰할 때 임의의 별[恒星]이 한 기둥의 끝에

있었다면, 내일 그 시각에 관찰하면 이 별이 또 조금 멀어

져 있거나 혹은 그 기둥 끝의 것이 다른 별일 것이다.”

⑤ (주자가 말하였다.) “항성천과 해·달·5행성은

모두 왼쪽으로 돈다. 항성천은 매일 한 번 주천(周天)

---

7) ‘규표(圭表)’는 고대에 해 그림자를 재던 기구이다. 남·북의 방향으로
    수평이 되게 눕혀 놓은 눈금자를 ‘규(圭)’라 이르고, 규(圭)의 양단(兩端)
    에 수직으로 세운 두 기둥을 ‘표(表)’라 이른다.

辰."

④ 問:"周天之度
是自然之度? 是强分?"
曰:"天左旋, 一晝一
夜行一周, 而又過了一
度. 以其行過處, 一日
作一度, 三百六十五度
四分度之一, 方是一周.
只將南北表看, 今日恁
時看時, 有甚星在表處,
明日恁時看, 這星又差
遠, 或別是一星了."

⑤ "天道與日月五星,
皆是左旋. 天道, 日一

> （右側 竪書 本文）
>
> 自然之度是强分曰天左旋○問周天之度一是
> 周而又過了一度以其行過處一晝一日作一度
> 三百六十五度四分度之一方是一周只將度一
> 南北表看今日恁時看這星又甚星在表○慮明將
> 日恁時看這星又差遠或別是甚星在表○慮天明
> 道與日月五星皆是左旋天道日一星了○慮天

하고-일주운동- 언제나 1도를 더 지나친다.-연주운동- 해는

하루에 한 번 주천하는데-일주운동- 한 지점에서 도수를 시

작하여 같은 지점에서 도수를 마친다. 그러므로 항성천에

비해 언제나 1도를 미치지 못한다. 달의 운행은 항성천에

비해 (매일) $13\frac{7}{19}$도를 미치지 못한다.

요즘 사람들은 도리어 말하기를, '달의 운행은 빠르고

해의 운행은 느리다.'고 한다. 이는 잘못된 견해이다. 다만

역법가(曆法家)들은 오른쪽으로 돈다는 주장을 펴는데, 이

는 해·달의 도수에 대한 관찰이 용이함을 취한 것이다."

⑥ 백정(伯靜)이 말하였다. "항성천은 하루에 한 바퀴를

돌고, 해는 이에 대해 1도를 미치지 못합니다. 따라서 항성

천이 1도를 더 지나치는 것이 아닙니다." (주자가) 대답하

였다. "이 견해는 옳지 않다. 만약 항성천이 하루에 딱 한

바퀴만 돈다면, 사철의 중성(中星)이

周天而常過一度. 日,

一日一周天, 起度端,

終度端. 故比天道, 常

不及一度. 月行, 不及

天十三度十九分度之七.

今人却云, '月行速,

日行遲.' 此錯說也. 但

曆家以右旋爲說, 取其

易見日月之度爾."

⑥ 伯靜云："天是一

日一周, 日則不及一度,

非天過一度也." 曰：

"此說不是. 若以爲天

是一日一周, 則四時中

常過一度、日一日一周天、起度端、終度、周天而

比天道之常不及一度、月行不及天十三度、之一

說爾〇但伯靜云天是右旋爲說取其易見日

九分度之七今人却云月行速日行遲此錯

一度日一天周則四時中此說不是若以爲天是一

어찌 동일하지 않은가? 이 견해와 같다면

하루하루 그 위치가 똑같을 터이니, 어찌 해[歲]를 나

타내겠으며 무슨 계절로써 기한을 삼겠는가?

만약 항성천이 1도를 지나치지 않고 도리어 해가 1도를 미

치지 못한다고 한다면, 별과 해가 쉬지 않고 운행함에 장차

'낮 12시에 밤 0시의 시보를 울려야 할 것'8)이다."

(주자가) 이어서 『예기 · 월령』의 「소(疏)」를 꺼내어 그

가운데 '조만(早晩)이 동일하지 않다' '다시 1도를 더 운행

한다'고 설명한 두 군데를 지적하면서 말하였다.9) "이 두

구절이 매우 분명하게 설명했다. 이 밖의 다른 역서(曆書)

---

8) 항성은 서쪽으로 연주운동(年周運動)을 하지 않고 제자리를 지키는 반
    면 해만 동쪽으로 매일 1도씩 연주운동을 한다고 가정한다면 - 이는 지구
    가 일정한 자리에서 하루에 1회씩 자전만 하고, 해가 지구의 주위를 1년에 1
    회씩 공전한다고 가정하는 경우이다. - 어느 날 12시에 남중했던 해가 3
    개월 후 12시에는 90도를 동진하여 동쪽에서 막 떠오를 것이고, 다시 3
    개월 후 12시에는 또 90도를 동진하여 한밤중의 위치에 있게 될 것이다.
    따라서 이때 시계는 여전히 12시인데 반해 해는 실제로 자정의 시각에
    위치하게 되는 이상한 현상이 생기게 된다.
9) '『예기 · 월령』의 소(疏)'는 당(唐) 공영달(孔穎達)의 소이다. 이 중 "조
    만(早晩)이 동일하지 않다[早晩不同]"는 말은 「계동지월(季冬之月)」의
    '28수가 항성천에 되돌아온다[星回于天]'는 구(句)에 딸린 것이고, "다시
    1도를 더 운행한다[更行一度]"는 말은 「월령」의 서두에 나오는 것이다.

星, 如何不同? 如此,

則日日一般, 却如何紀

歲? 把甚麼時節做定限?

若以天爲不過而日不及

一度, 則趲來趲去, 將

次午時, 便打三更矣."

因取禮記月令疏, 指其

中說'早晚不同' 及'更

行一度'兩處曰: "此說

得甚分明. 其他曆書,

星如何不同如此則日日一般却如何紀歲把甚麼時節做定限若以天爲不過而日不及一度則趲來趲去將次午時便打三更矣因取禮記月令疏指其中說早晚不同及更行一度兩處曰此說得甚分明其他曆書

들은 모두 이와 같이 설명하지 못했다. 그런데 지금 만약

천공(天空)을 가지고 관찰한다면 단지

(하루에) $365\frac{1}{4}$ 도를 운행하지만,

만약 천공 밖의 천구면을 가지고 말한다면 하루에 1도를

더 지나치는 것이다.[10] 채계통(蔡季通)[11]이 늘 말하기를

'해와 달을 논한다면 이들은 천공(天空) 속에 있고

항성천을 논한다면 그것은 태허(太虛)의 허공 속에 있다.

만약 태허의 허공 속에 나아가서 저 항성천을 관찰한다면,

항성천으로부터 해와 달이 움직인 결과 지난번에 있었던

---

10) 원문에 보이는 '천리(天裏)'와 '천외(天外)'라는 말의 정확한 의미 파악
  이 문제이다. 지구를 중심에 두고 그 주위를 공처럼 둘러싸고 있는 것으
  로 보이는 천구(天球)를 상정할 때, '天裏'는 우리가 사는 지구와 하늘의
  끝으로 생각되는 천구의 표면 사이에 존재하는 중간 부분, 즉 해·달·5
  행성 등이 운행하는 공간인 '천공(天空)'이나 '천공(天空) 속'을 가리키는
  말로 보인다. 이에 대해 '天外'는 별[恒星]이 달라붙어 있는 것으로 보이
  는 하늘의 끝인 '천구의 표면'을 일컫는 말로 짐작된다. 또 이 뒤에 나오
  는 채계통(蔡季通)의 말 중 '태허의 허공 속[太虛空裏]'이라는 표현도 이
  '천외(天外)'와 같은 의미를 나타내는 것으로 이해된다. 이는 옛사람들이
  하늘을 여러 층(層)의 중층(重層) 구조로 이루어진 것으로 생각하고 천구
  면(天球面)에 해당하는 하늘 층을 '천공(天空)보다 더 먼 우주 공간'으로
  보아 '태허공리(太虛空裏)'라고 표현한 게 아닐까 여겨지기 때문이다.
11) 채계통(蔡季通)은 주자의 제자로, 성명은 채원정(蔡元定)이다. '계통(季
  通)'은 그의 자(字)이며, 보통 서산 선생(西山先生)으로 불린다. 저서에
  『율려신서(律呂新書)』 등이 있다.

都不如此說. 而今若就

天裏看時, 只是行得三

百六十五度四分度之一,

若把天外來說, 則是一

日過了一度. 季通常有

言, '論日月則在天裏,

論天則在太虛空裏. 若

去太虛空裏看那天, 自

是日月袞得, 不在舊時

곳에 있지 않게 된다.' 하였다. 만약 오늘 이 곳에 있었

다고 한다면 내일은 이로부터 또 조금 이동하여 또

지난번에 있었던 곳에 있지 않게 된다." (주자가) 또

말하였다. "항성천은 형체가 없다. 다만 28수(宿)가 곧 그

형체[表象]이다. 또 만약 해와 달이 모두 각수(角宿)에서

출발하고 어느 항성천도 역시 각수에서 출발하여 일주운동을

한다면, 해는 하루에 한 바퀴를 돌아서 어제와 같이 그대로

그 각수에 있게 되지만, 항성천은 한 바퀴를 돌고 또

그 각수를 약간 더 지나친다. (항성천이) 이렇게 하루하루

도수를 쌓아 나가게 되면 1년 만에 곧 해와 만나게 된다."

⑦ 질문하였다. "항성천은 왼쪽으로 돌아 서쪽에서

동쪽으로 운행하고,[12) 해와 달은 오른쪽으로 돈다고

---

12) 원문의 '서쪽에서 동쪽으로 운행한다[自西而東]'는 말이 다소 문제이
    다. 즉 '동쪽에서 서쪽으로 운행한다[自東而西]'라고 표현해야 옳지 않
    겠는가 하는 의문이 드는 것이다. '서쪽에서 동쪽으로'라고 함은 '관찰
    자가 북쪽을 등지고 남쪽을 향해 앉아 있을 경우 저녁에 서쪽 하늘로
    빠졌던 해·달·별 등이 밤사이에 등 뒤를 돌아서 아침에 동쪽 하늘로
    다시 떠오르는 것을 의미하는 말'이라고 해석할 수도 있겠으나, 그러나
    『주자어류(朱子語類)』는 판본에 따라 이 부분을 '동쪽에서 서쪽으로 운
    행한다[自東而西]'고 표현한 것도 있을 뿐만 아니라,(『朱子語類·권2下』)
    또한 '自西而東'에 이어지는 문구 '日月右行'과 관련하여 볼 때에도
    '自西而東'은 '自東而西'의 오기로 봄이 타당할 것으로 생각된다. 어떻
    든 본문의 질문 취지는 "항성천은 왼쪽[시계방향]으로 돌고[左旋] 해와

處,' 謂如今日在這一處,

明日自是又衰得著些子,

又不在舊時處了." 又

曰 : "天無體, 只二十

八宿便是體, 且如日月

皆從角起, 天亦從角起,

日則一日運一周, 依舊

只在那角上, 天則一周

了, 又過角些子, 日日

累上去, 則一年便與日會."

⑦ 問 : "天道左旋,

自西而東, 日月右行,

處,' 謂如今日在這一處, 明日自是又衰得著些子, 又不在舊時處了." 又曰 : "天無體, 只二十八宿便是體, 且如日月皆從角起, 天亦從角起, 日則一日運一周, 依舊只在那角上, 天則一周了, 又過角些子, 日日累上去, 則一年便與日會." ○問天道左旋, 自西而東, 日月右行

달은 오른쪽[반시계방향]으로 도는[右旋] 것이 아니냐?" 하는 것이다. 천체가 천구상이나 궤도상에서 움직이는 방향은 "지구가 서쪽에서 동쪽으로 돈다"는 사실을 기준으로 삼는다. 이때 지상의 관측자가 천(天)의 북극을 바라보면 오른쪽이 동쪽, 왼쪽이 서쪽이 된다. 그리고 지구의 회전 방향은 시계의 회전 방향과 반대이다.[즉 지구의 자전·공전 방향은 반시계방향이다.] 지구에 대한 상대적인 천체의 천구상 일주 방향은 시계방향이다.

한다면 어떻겠습니까?" (주자가) 대답하였다. "장횡거(張横

渠) -장재(張載) - [13]가 '해와 달은 모두 왼쪽으로 돈다.'고

말했는데, 잘 설명한 것이다. 대개 항성천의 운행은 매우

굳세어서 하루 낮 하루 밤 동안에 $365\frac{1}{4}$ 도를

돌고 또 1도를 더 전진한다.

해의 운행은 빠르니, 굳세기가 항성천 다음이어서

하루 낮 하루 밤 동안에

꼭 $365\frac{1}{4}$ 도를 돈다.

그리하여 저 항성천이 1도를 전진하면 해는

이 때문에 1도를 후퇴하게 된다. 둘째 날에는 항성천이

2도를 전진하게 되고 해는 또 2도를 후퇴하게 된다.

이처럼 $365\frac{1}{4}$ 일 동안 그 도수를 쌓으면

항성천이 전진하는 도수도 또한

---

13) 장재(張載, 1020~1077)는 북송(北宋) 때의 철학자로, 자(字)가 자후(子
厚)인데, 사람들이 횡거 선생(橫渠先生)이라 불렀다. 그는 우주의 본체
를 태허(太虛)라 여겼으며, 기(氣)를 우주를 채우는 실체라고 하고 기의
모임과 흩어짐으로 만물이 생성·변화한다고 주장하였다. 저서에 『정몽
(正蒙)』·『서명(西銘)』·『역설(易說)』·『경학리굴(經學理窟)』 등이 있다.

則如何?" 曰 ："橫渠

說, '日月皆是左旋.'

說得好. 蓋天行甚健,

一日一夜, 周三百六十

五度四分度之一, 又進

過一度. 日行速, 健次

於天. 一日一夜, 周三

百六十五度四分度之一

正恰好. 彼天進一度,

則日爲退一度. 二日天

進二度, 則日爲退二度.

積至三百六十五日四分

日之一, 則天所進過之

則如何 曰 橫渠說 日月皆是左旋 說得好 蓋天行甚健 一日一夜 周三百六十五度四分度之一 又進過一度 日行速 健次於天 一日一夜 周三百六十五度四分度之一 正恰好 彼天進一度 則日爲退一度 二日天進二度 則日爲退二度 積至三百六十五日四分日之一 則天所進過之

꼭 $365\frac{1}{4}$ 도를 돌게 되고 해가 물러나는 도수도 역시

꼭 $365\frac{1}{4}$ 도를 다 물리게 되어 마침내 해가

항성과 만나서 1년을 이루게 된다. 이것이 '1년 동안에

1회 주천한다' – 연주운동 – 고 하는 것이다. 달의 운행은

느리니, 하루 낮 하루 밤 동안에 365

$\frac{1}{4}$ 도를 다 돌지 못하여

항성천에 비해 매일 13도 남짓 – $13\frac{7}{19}$ 도 – 을 물러난다.

이리하여 달은 29일하고도 반일을 실히 채우는 시점에

이르러 꼭 알맞은 지점에서 해와 마침맞게 만나게 된다.

이것이 '1달 동안에 1회 주천한다' – 월주운동 – 고 하는 것이

다. 전진하는 도수는 항성천을 따라서 왼쪽으로 돌고 후퇴

하는 도수는 항성천을 거슬러 오른쪽으로 돈다. 역법가는

전진하는 도수는 계산하기가 어렵다 하여 후퇴하는 도수만

가지고 계산한다. 그러므로 그들은 '해와 달이 오른쪽으로

돈다'고 말하고 또 '해의 운행은 느리고 달의 운행은 빠르다'고 말한다."

度又恰周得本數, 而日
所退之度亦恰退盡本數,
遂與天會而成一年. 是
謂一年一周天. 月行遲,
一日一夜, (行)14)三百
六十五度四分度之一行
不盡, 比天爲退了十三
度有奇. 至二十九日半
強, 恰與日相値在恰好
處. 是謂一月一周天.
進數爲順天而左, 退數
爲逆天而右. 曆家以進
數難算, 只以退數算之.
故謂之右行. 且曰, 日
行遲, 月行速."

數而日所退之度亦恰退盡本度又恰周得本
成一年是謂一年一周天月行遲一日一夜一行不盡比
天爲退了三百六十五度有奇至二十九日半強恰比
爲日相値在恰好處是謂一月一周天以進數
爲順天而左退數爲逆天而右曆家以進數
遲月行只速以左數筭之故謂之右行且曰日日行

---

14) 『주자어류(朱子語類)』에는 이 '行' 자가 없다. 『朱子語類·권2下』.

⑧ (주자가 말하였다.) "역법가는 단지 후퇴하는 도수

만을 계산하면서 일반인들과는 반대로 해는 1도를 운행하고

달은 13도 남짓을 운행한다고 한다. 이것은 바로 절법(截

法)이다.15) 그러므로 '해·달·5행성은 오른쪽으로 운행한

다'는 견해를 갖고 있다. 그러나 실은 오른쪽으로 운행하는

것이 아니다. 장횡거가 말하기를 '항성천은 왼쪽으로 도니,

그 속에 있는 별들은 그에 따라서 왼쪽으로 돈다. 그러나

항성천보다 속도가 조금 느리면 도리어 오른쪽으로 돌게 된다' 하
였는데, 이 설명이 가장 잘된 것이다."

⑨ 질문하였다. "항성[經星]은 왼쪽으로 돌고 행성[緯

星]과 해는 오른쪽으로 돕니다. 맞습니까?" (주자가) 대답

---

15) '절법(截法)'의 정확한 뜻은 미상이나, 이는 짐작건대 '계산의 편의를
    위해 해와 달이 항성천에 대해 퇴행하는 것으로 보고 그 운행 도수를
    하루하루 끊어서 계산하는 방법'을 가리키는 것이 아닐까 생각한다.
     보통의 설명대로라면 '해와 달도 역시 매일 왼쪽으로 돌되, 다만 그
    속도가 조금 느리기 때문에 해는 꼭 $365\frac{1}{4}$도밖에 돌지 못하여 항성
    천에 비해 1도를 미치지 못하고 달은 해에 대해 $365\frac{1}{4}$도에 $12\frac{7}{19}$도
    만큼이나 미치지 못하게 돌아서 항성천에 비해 $13\frac{7}{19}$도를 미치지 못
    한다'고 말하게 된다.

⑧ "曆家只算所退之
度, 却云日行一度, 月
行十三度有奇. 此乃截
法. 故有日月五星右行
之說. 其實非右行也.
橫渠云, '天左旋, 處
其中者順之. 少遲則反
右矣.' 此說最好."

⑨ 問："經星左旋,
緯星與日右旋. 是否?"

○曆家只筭所退之度却云日行一度月行十三度有奇此乃截法故有日月五星右行之說其實非右行也橫渠云天左旋處其中者順之少遲則反右矣此說最好○問經星左旋緯星與日右旋是否

하였다. "오늘날 여러 학자들이야 이처럼 말한다. 장횡거

는 말하기를 '항성천은 왼쪽으로 돈다. 해와 달도 역시 왼

쪽으로 돈다.' 하였다. 보아하니, 장횡거의 이 말이 지극

히 옳다. 다만 사람들이 잘 이해하지를 못할까 염려하였기

때문에 『시전(詩傳)』에는 구설(舊說)만 실었던 것이다.16)"

어떤 이가 질문하였다. "이는 역시 알기 쉽습니다. 우선 큰

바퀴 한 개가 바깥쪽에 있고 해와 달을 실은 작은 바퀴 한

개가 그 안쪽에 있는데 큰 바퀴는 급히 돌고 작은 바퀴는

느리게 돈다면, 모두 왼쪽으로 돌기는 하지만 빠르고 느린

차이만은 있으니, 곧 해와 달은 오른쪽으로 도는 것처럼

느껴지는 것입니다." (주자가) 대답하였다. "만약 이와 같

다면 역법가들은 '거슬러[逆]'라는 글자를 모두 '따라서

---

16) '『시전(詩傳)』'은 주자(朱子)가 지은 『시경집전(詩經集傳)』을 이른다.
'구설(舊說)'은 「시월지교장(十月之交章)」에 딸린, 주자가 옛날의 견해
로써 해설한 내용을 이른다. 거기에 "해와 달은 모두 항성천에 대해
오른쪽으로 운행한다[日月皆右行於天]"는 말이 있다.

曰："今諸家是如此說.
橫渠說天左旋, 日月亦
左旋. 看來橫渠之說極
是. 只恐人不曉, 所以
詩傳只載舊說." 或問 :
"此亦易見. 且以一大
輪在外, 一小輪載日月
在內, 大輪轉急, 小輪
轉緩. 雖都是左轉, 只
有急有緩. 便覺日月似
右轉了." 曰 : "若如
此, 則曆家逆字, 皆著

曰今諸家是如此說橫渠說天左旋日月亦左旋看來橫渠之說極是只恐人不曉所以詩傳只載舊說或問此亦易見且以一大輪在外一小輪載日月在內大輪轉急小輪轉緩雖都是左轉只有急慢便覺日月似右轉了曰若如此則曆家逆字皆著

[順]'라는 글자로 고쳐 써야만 되고 '후퇴한다[退]'는 글자

를 모두 '전진한다[進]'는 글자로 고쳐 써야만 된다."17)

　⑩ 질문하였다. "해는 양(陽)입니다. 그런데 어찌하여

도리어 달보다 더 느리게 운행합니까?" (주자가) 대답하였

다. "참으로 달이 느리다." 또 질문하였다. "매일 항성에

대해 해는 1도 차이 나게 운행하고 달은 13도 남짓 차이 나게

운행하는데, 왜 도리어 해가 느립니까?" (주자가)

대답하였다. "역법가들은 해와 달이 후퇴하는 도수

를 가지고 전진하는 도수로 삼는다.18) 항성천의 운행은

---

17) "'거슬러[逆]'라는 글자를 모두 '따라서[順]'라는 글자로 고쳐 써야만
　　되고 '후퇴한다[退]'는 글자를 모두 '전진한다[進]'는 글자로 고쳐 써야
　　만 된다[逆字, 皆著改作順字, 退字, 皆著改作進字.]."는 이 문장은 앞의
　　⑦번 항 말미에 나오는 "전진하는 도수는 항성천을 따라서 왼쪽으로
　　돌고 후퇴하는 도수는 항성천을 거슬러 오른쪽으로 돈다[進數爲順天而
　　左, 退數爲逆天而右.]."는 등의 구절과 연관시켜 쓴 것이다. 다만 원문
　　의 "退字, 皆著改作進字."는 『서경대전(書經大全)』에 "進字, 皆著改作
　　退字."로 되어 있는 것을 『주자어류(朱子語類)』, 『역산전서(曆算全書)』
　　등에 근거하여 고친 것이다. 『서경대전』의 문구를 그대로 따를 경우
　　의미가 통하지 않는다. 『朱子語類・권2下』, 文津出版社, 1986, 臺北,
　　16쪽. 『曆算全書』 卷2 注.
18) '전진하는 도수로 삼는다[爲進底度數]'는 말은 『서경대전(書經大全)』
　　에는 없다. 이는 잘못 탈루된 것으로 보고 『주자어류(朱子語類)』에 근거
　　하여 보충하였다. 『朱子語類・권2下』, 文津出版社, 1986, 臺北, 16쪽.

改作順字, 退字, 皆著

改作進字."

　⑩ 問 : "日是陽. 如

何反行得遲於19)月?" 曰 :

"正是月遲." 又問 :

"日行一度, 月行十三度

有奇. 如何却是遲?"

曰 : "曆家是將他退底

度數爲進底度數. 天至

數度天至 如月日正 皆著
有奇如何 是月遲又 改作退字○
却是遲日 問日行一 又問日是陽如
曆家是將 度月行十 何反行得遲
他退底度 三

改作順字進字

---

19) 원문에서 잘못 '如'로 표기한 것을 '於'로 바로잡았다.

지극히 굳세다. 그러므로 해의 운행은 늘 항성천에 대해 1

도를 미치지 못한다. 달의 운행은 더욱 느리므로 항성천에

대해 13도 남짓을 미치지 못한다. 또 예컨대 달이 서쪽

하늘에 처음 생겨 나왔다면 매일 밤마다 점점 동쪽 하늘로

향하게 되니, 이에 곧 달의 운행이 느림을 알 수 있다."

질문하였다. "이와 같다면, 해는

항성천의 운행에 비해 1도 느리고 달은

항성천의 운행에 비해 13도 남짓 느린 것입니다."

(주자가) 말하였다. "역법가들이 만약 이 설명대로 한다면

해와 달의 운행 거리에 대한 계산 도수가 많아지게 된다.

지금 서로 가까운 곳만을 가지고 말하므로, 계산하기가 쉽

다. 듣건대 채계통이 말하기를 '서역에는

구집력(九執曆)이 있는데, 오히려 항성천의 운행 방향을

따라서 계산한다' 하였고, 또 이르기를 '바로 그들이라면,

健. 故日行常少及他一

度. 月又遲. 故不及天

十三度有奇. 且如月生

於西, 一夜一夜, 漸漸

向東, 便可見月遲."

問:"如此, 則是[20)]日

比天行遲了一度, 月比

天行遲了十三度有奇."

曰:"曆家若如此說,

則算著那相去處度數多.

今只以其相近處言, 故

易算. 聞季通云, '西

域有九執曆, 却是順

算.' 又云, '便是那,

健. 故日行常少及他一度. 月又遲. 故
不及天十三度有奇. 且如月生於西, 則當一日比一
夜漸漸向東, 便可見月遲. 問: 如此, 則當日比
天行遲了一度, 月比天行遲了十三度有奇.
今只以其相去度數多
曰曆家若如此說則筭著那相去處度數多
有九執曆却是順筭又云便是那逼云西域

이런 사항은 설명하기가 곤란할 것이다. 역법가들에게는

원래 한 종류의 언어가 있다.' 하였다."

⑪ 질문하였다. "역법에서 어떻게 달의 대·소를 계산합

니까?" (주자가) 대답하였다.

"다만 매월을 29일과 약 반일

즉 $\frac{499}{940}$ 일 − 약 29.53일 − 로써

계산하되, 달의 합삭 여하

를 관찰한다. 만약 전월이 큰달이라면

후월 초2일에 초승달이 생기고, 만약

전월이 작은달이라면 후월 초3일에

초승달이 생긴다."21)

⑫ (주자가 말하였다.) "중기(中氣)는 윤달이 아닌 보통

의 달에만 있다.22) 만약 어느 달의 중기를 몰아가서 그달

의 그믐에 두게 되면, 그 다음 달에 곧 윤달을 넣게 된다."

---

21) "만약 전월이 큰달이라면 후월 초2일에 초승달이 생긴다[如前月大, 則
後月初二日月生明]"는 구절 뒤에 『주자어류(朱子語類)』 등에 의하면
"만약 전월이 작은달이라면 후월 초3일에 초승달이 생긴다[如前月小,
則後月初三日月生明]"라는 구절이 더 이어져 있다. 그러므로 이 두 구
절을 합해서 보면, "30일로 끝나는 달의 다음 달에는 초2일날에 초승달
이 생기고 29일로 끝나는 달의 다음 달에는 초3일날에 초승달이 생긴
다"는 말이 된다. 『朱子語類·권2下』, 文津出版社, 1986, 臺北, 25·
26쪽.

22) 원문의 '본월(本月)'은 '윤달[閏月]'과 대립되는 개념으로 쓰인 말이다.
따라서 '本月'이라 함은 '달 이름이 제대로 붙은 보통의 달' 또는 '중기
(中氣)의 순서에 따라 달 이름이 정해진 달'이라고 할 수 있다.

這箇物事難說. 曆家自
有一種言語.'"

⑪ 問 : "曆法何以
推月之大小?" 曰 :
"只是以每月二十九日
半九百四十分日之四百
九十九計之, 觀其合朔
爲如何. 如前月大, 則
後月初二日月生明. 如
前月小, 則後月初三日
月生明."

⑫ "中氣只在本月.
若趲得中氣在月盡, 後
月便當置閏."

難說曆家自有一種言語。○ 問曆法何以推
月之大小日只是以每月二十九日半九百
四十分日之四百九十九計之觀其合朔爲
如何如前月大則後月初二日月生明○ 中
氣只在本月若趲得中氣在月盡後月便當
置閏氣只在本月若趲得中氣在月盡後月便當

(2) 한(漢) 공안국(孔安國)의 주석

⑬ 공씨(孔氏) - 공안국(孔安國) - 가 말하였다. "네 계절을 한 번 순환하는 것이 '기(朞)' - 1주년(周年) - 이다. 세 해를 미처 채우지 못하여 충분히 윤달 한 달을 얻게 되니, 그 시점에 윤달을 두어 네 계절의 절기를 일정하게 하고 한 해의 역법(曆法)을 이룬다."

(3) 당(唐) 공영달(孔穎達)의 주석

⑭ 당(唐)의 공씨(孔氏) - 공영달(孔穎達) - 가 말하였다. "$365\frac{1}{4}$ 일의 '$\frac{1}{4}$ 일'을 온전한 날 1일로 쳐서 366일이라고 하는 것은 전수(全數)를 들어서 말한 것이다. 1세의 윤율 $10\frac{827}{940}$ 일이 매년의 실여(實餘) - 세실(歲實)의 나머지 - 이니, 꼭 11일에 조금 부족한 날수이다."

⑬ 孔氏曰 : “匝四時曰朞. 未盈三歲, 足得一月, 則置閏焉, 以定四時之氣節, 成一歲之曆象.”

⑭ 唐孔氏曰 : “四分日之一入六日內, 擧全數言之. 十日九百四十分日之八百二十七爲每歲之實餘, 正十一日弱也.”

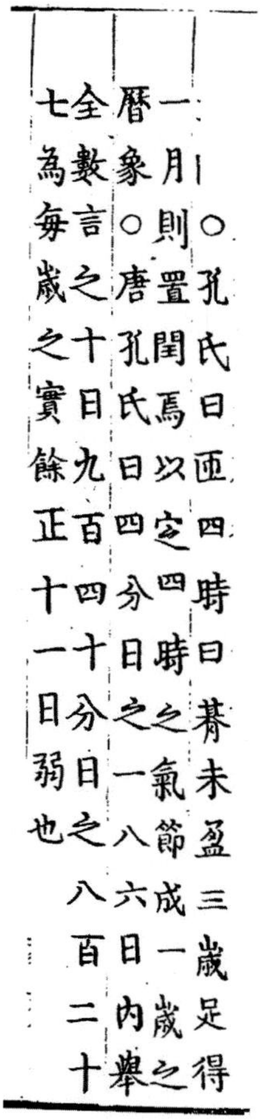
○孔氏曰匝四時曰朞未盈三歲足得
一月則置閏焉以定四時之氣節成一歲之
曆象○唐孔氏曰四分日之一八六日內舉
全數言之十日九百四十分日之八百二十
七為每歲之實餘正十一日弱也

(4) 심씨(沈氏)의 주석

⑮ 의재(毅齋) 심씨(沈氏) - 심귀요(沈貴瑤) - 23)가 말하였다.
"항성천이 운행하는 속도는 빠르니, 매일 1도를 더 지나친
다. 이렇게 전진한 결과 해와 만나서 1년을 이룬다.
달이 운행하는 속도는 느리니, 매일 해에 대해 12도 남짓
을 미치지 못한다. 이렇게 후퇴한 결과 해와 만나서 1삭망
월을 이룬다."

(5) 오형수(吳亨壽)의 주석

⑯ 오형수(吳亨壽)24) 씨가 말하였다. "한 해[歲]의 길이에
는 일정한 날수가 없지만, 윤달을 둠에는 일정한 법칙이
있다. '1태양년'·'윤달'·'1태음년' 이 세 가지 용어가
'기삼백' 한 구절의 중요한 요점이니, '1태양년'이란 1세의
상수 360일에 기영을 채운 것이고, '1태음년'이란 그 360일
에 삭허를 뺀 것이다. 또 '윤(閏)'이란 3태음년의 삭허를
보충한 것이며, '주(湊)'란 3태양년의 기영을 합한 것이
다."

---

23)　심귀요(沈貴瑤)는 송(宋) 나라 때 사람으로 일명(一名)이 여려(汝礪)인
　　데, 자가 성숙(誠叔), 호가 의재(毅齋)이다. 저서에 『사서요의(四書要義)』
　　가 있다.
24)　오형수(吳亨壽)는 원(元) 나라 때 사람으로, 자(字)가 관망(觀望)이다.

⑮ 毅齋沈氏曰："天行速, 每日過一度, 進而與日會, 以成一期. 月行遲, 每日不及日十二度有奇, 退而與日會, 以成一月."

⑯ 吳氏亨壽曰："歲無定日, 閏有定法. 朞・閏・歲三字, 爲此一節之大要. 朞者, 一歲之足日也. 歲者, 一歲之省日也. 閏者, 補三歲之省日, 湊爲三歲之足日也."

> 毅齋沈氏曰天行速每日過一度進而與日會以成一期○月行遲每日不及日十二度有奇退而與日會以成一月○吳氏亨壽曰歲無定日閏有定法朞閏歲三字爲此一節之大要朞者一歲之足日也歲者一歲之省日也閏者補三歲之省日湊爲三歲之足日也

(6) 소씨(蘇氏)의 주석

⑰ 소씨 – 소식(蘇軾) –25)가 말하였다. "'또[有] 60일
또[有] 6일'의 '有'는 '우(又)'로 읽는다. 옛날에는
'有' 자와 '又'자는 ('또'라는 뜻으로) 서로 통해서 썼다."

(7) 진보(陳普)의 주석

⑱ 진보(陳普)26) 씨가 말했다. "항성천은
땅을 둘러싼 채 왼쪽으로 도니, 동쪽에서 나와 서쪽으로
들어가는데, 하루에 한 바퀴를 돌고 조금 더 지나친다. 해
는 하늘의 정기가 모인 것으로, 항성천과 함께 왼쪽으로 돌
되 매일 꼭 한 바퀴만 도니, 항성천이 조금 더 도는 까닭에
그만큼 항성천에 못 미치게 된다. 그리하여 항성천은 매일
전진하고 해는 매일 후퇴하게 되는데, 실은 해가 후퇴하는
것이 아니라 항성천의 전진으로 인해 그렇게 보이는 것이

---

25) 소식(蘇軾)은 당(唐)·송(宋) 팔대가(八大家)의 한 사람으로 자(字)가
자첨(子瞻), 호(號)가 동파(東坡)이다. 『서경(書經)』에 대해 『동파서전
(東坡書傳)』을 지었다.

26) 진보(陳普)는 원(元) 나라 때 사람으로, 자(字)가 상덕(尙德)이고 호
(號)가 구재(懼齋)인데, 석당 선생(石堂先生)으로 불렸다. 평생 은거하
면서 율려(律呂)·천문(天文)·지리(地理)·산법(算法) 등을 깊이 연구
하였으며, 『서경(書經)』에 대해 『서전보유(書傳補遺)』를 지었다.

⑰ 蘇氏曰 : "有六旬
有六日有, 讀爲又. 古
有又通."

⑱ 陳氏普曰 : "天
繞地左旋. 東出西入.
一日一周而少過之. 日
者, 天之精, 與天左旋,
日適一周, 以天之過也
而爲少不及焉. 天日進,
而日日退也. 日非退也,
以天之進而見其退耳.

氏曰：有六旬有六日有，讀爲又．古有又通．○蘇氏

普曰：天繞地左旋．東出西入．一日一周而少過之．日者，天之精，與天左旋，日適一周，以天之過也而爲少不及焉．天日進，而日日退也．日非退也，以天之進而見其退耳．○陳氏

다. 역법가는 해와 달이 모두 오른쪽으로 돈다고 한다.

이로 인해 대개 항성천의 전진 도수를 계산하지 않고, 다만

해와 달의 후퇴를 가지고 오른쪽으로 도는 것으로 여기니,

뒤쪽을 앞쪽으로 간주하는 것이다. 그러나 만일 항성천의

전진 도수를 계산하지 않는다면, 네 계절의 초저녁 무렵에

보이는 중성(中星)이 늘 그 자리에서 움직이지 않을 터이

니, 그럴 리는 없다. 주문공(朱文公)-주자-은 말하기를

'장횡거가 처음으로 이를 밝혀내었다' 하였다. 대개 『수서

(隋書)』의 설명이 소략(疏略)하였으므로[27] 후세 사람들 중

에 그것을 잘 천술(闡述)하는 이가 없었는데, 장횡거가 처

음으로 그 내용을 터득하였던 것이다. $365\frac{1}{4}$일을 쌓아

항성천이 해와 애당초 앞뒤로 헤어졌던 지점에서 다시 만나

1태양년-정확히는 1항성년이다-을 이룬다. 이에 추위와 더위

와 네 계절이 번갈아 가며 바뀌고 교체되니, 출생(出生)·

---

27) "『수서(隋書)』의 설명이 소략(疏略)하였다" 함은 『수서』에서 "하늘은
   왼쪽으로 운행하고 해와 달은 오른쪽으로 운행한다[天左行, 日月右
   行.]"고 기술한 사실을 가리킨다. 즉 『수서(隋書)·천문지(天文志)』에
   의하면, "항성천은 맷돌이 돌듯이 왼쪽으로 돌고 해와 달은 오른쪽으로
   돈다. 항성천이 왼쪽으로 돌기 때문에, 해와 달이 실제로는 동쪽으로
   운행하지만 항성천에 이끌려서 서쪽으로 빠지게 된다. 개미가 맷돌 위
   에서 도는 일로 비유하자면, 맷돌은 왼쪽으로 돌고 개미는 오른쪽으로
   돌지만 그 속도가 맷돌은 빠르고 개미는 느리므로, 개미로서는 맷돌이
   도는 방향으로 따라서 돌게 되지 않을 수 없는 것과 같다." 하였다. 『진
   서(晉書)』에도 이와 동일한 내용이 보인다. 『隋書·卷19·志第十四·
   天文上』, 『晉書·卷11·志第1·天文上』.

曆家謂日月皆右旋. 以
此蓋不計天之進, 而但
以日月之退爲右旋. 以
背而爲面也. 然苟不計
天之進, 則是四時昏旦
中星, 常不移矣. 無是
理也. 文公以爲橫渠首
發之. 蓋隋書之說略,
後人未有述之, 而橫渠
首得其說爾. 積三百六
十五日四分日之一, 而
天與日復相遇於初進初
退之地, 而爲一年. 寒
暑四時, 更迭代謝, 生

生初退之地而爲一年寒暑與四時更相迭遇代謝初
進十五日四分日之爲一年而天與日復相遇於初
人也未有述之爲而橫渠首得其說蓋隋書之說爾積三百六
月之退則是四時昏旦中星常不移矣然苟不計天之進而但
日月皆右旋以此蓋不計天之進而但曆家謂

성장(成長)·산망(散亡)·수렴(收斂)이 모두 여기에서 순

환한다. 대저 항성천과 해는 1태양년의 도수가 처음 생겨

나온 곳이다. 그들이 매일 전진·후퇴함에는 이미 일정한

법칙이 있으므로, 하루 동안의 진퇴 도수는 마침내

1도가 되었다. $365\frac{1}{4}$일 만에 항성천 - 임의의 항성 - 과 해

가 전진과 후퇴로 천구(天球)를 한 번 돌게 되어

주천도수는 결국 $365\frac{1}{4}$도가

되었다. 그리하여

무릇 천구의 동서남북과 가로 세로의 교호착종(交互錯綜),

그리고 저 멀고 가까운 일월성진의

거리, 달과 5행성의 운행 등에도

모두 이 도수를 가지고 도수를 삼게 된다. 도수란

수(數)이자 법칙이다. 항성천은 원래 도수가 없는데,

해와 헤어지고 만남에 따라 도수가 만들어졌다. 항성천과

해가 서쪽과 동쪽으로 운행함에 그들의 주천과 분포는

동서를 바탕으로 삼지만, 가로와 세로, 남과 북은 모두

成散斂, 皆於是而周.

夫天日者, 氣數之始,

其每日之進退, 旣有常

則, 故一日之進退, 遂

爲一度. 三百六十五日

四分日之一, 進退一周,

而周天之數遂爲三百六

十五度四分度之一. 而

凡天之東西南北, 縱橫

參伍, 與夫星辰遠近之

相去, 月與五星之行,

皆以其度爲度焉. 度,

數也, 則也. 天本無度,

以與日離合而成. 天日

東西行, 其周布本東西,

而縱橫南北, 皆以其度

> 其成散斂皆於是而周夫天日者氣數之始其每日之進退旣有常則故一日之進退遂爲一度三百六十五日四分日之一進退一周而周天之數遂爲三百六十五度四分度之一而凡天之東西南北縱橫參伍與夫星辰遠近之相去月與五星之行皆以其度爲度焉度數也則也天本無度以與日離合而成天日東西行其周布本東西而縱橫南北皆以其度

그들의 도수로써 도수를 삼는다. 해에 나타난 것은 도수의

근본이니, 해의 도수가 정해진 뒤에는 하늘에서나 땅 위에

서나 그 도수가 아닌 것이 없다. 달의 운행은 느리니,

늘 $27\frac{327}{1,016}$ 일(27.32일) 만에

항성천 - 임의의 항성 - 과

만나고,

$29\frac{499}{940}$ 일(29.53일) 만에

해와 만난다. 1삭망월에 한 번 주천한다는 것은

해와 만나는 것을 말하는 것이다. 실제로는

27일 남짓 만에 항성천을 한 바퀴 주천하고, 또

2일 남짓 만에 비로소 해와 만나는 것이다.

주문공은 『시경(詩經)』의 「시월지교장(十月之交章)」에 대한

주석에서 '달은 29일 남짓 만에 항성천을 한 바퀴 돌고

또 조금씩 해에 다가가서 해와

만난다'고 하였는데, 이는 대개 잘 알지 못한 것이다. 달이

항성천과 해에 미치지 못하는 도수는 해가 항성천에 미치지

못하는 도수에 비해 이미 10여 배가 넘는다. 그렇다면 달이

爲數. 見日者數之本, 日數旣定, 而在天在地, 無非其度也. 月行遲, 常以二十七日千一十六分日之三百二十七而與天會. 二十九日九百四十分日之四百九十九而與日會. 一月一周天者, 以與日會言也. 其實二十七日有奇而周天, 又二日有奇, 始與日會. 文公註十一月之交, 以爲'月二十九日有奇而周天, 又逐及於日而與日會.' 蓋未詳也. 其不及天日之度, 於日之不及天, 旣多十餘倍, 則其

爲數見日者數之本日數既定而在天在地無非其度也月行遲常以二十七日千一十六分日之三百二十七而與天會二十九日九百四十分日之四百九十九而與日會一月一周天者以與日會言也其實二十七日有奇而周天又二日有奇始與日會文公註十一月之交以爲月二十九日有奇而周天又逐及於日而與日會蓋未詳也其不及天日之度於日之不及天既多十餘倍則其

항성천 및 해와 만나는 것은 (해와 항성천과의 만남보다)
당연히 10여 배나 빠르다. 이것이 해가 1태양년에 한 번
주천하는 까닭이자 달이 1삭망월에 한 번 주천하는
까닭이다. 해는 1년 동안에 임의의 항성과 한 번 만나는데,
달은 1년 동안에 임의의 항성과 13번 만나고 해와 12번
만난다. 그런데 달이 항성과 만나는 것은 역법에 아무런
소용이 없다. 그러므로 예나 지금이나 이를 얘기하는 사람
이 드문 것이다. 항성천은 해의 운행을 자신의 운행으로 삼
는다. 그러므로 해가 항성천과 만나 세공(歲功)을 이룬다.
달은 1태양년 24절기에 대해서는 관여함이 없다. 그러므로
달이 항성천과 만나는 것은 전혀 소용이 없고, 다만 해와
만나는 것으로써 24절기의 유행(流行)에 나타난다.
해와 달이 30여 번 만날 때마다 한 개의 윤달을 두니, 두
개의 윤달의 중간에서는 15, 16번 회합하는 셈이 된다.[28]

---

28) "두 개의 윤달의 중간에서는 15, 16번 회합하는 셈이 된다[兩閏之中謂
十五十六會也]"는 말은 그 의미가 다소 애매하다. 윤달과 윤달 사이에
평균 32.6개의 삭망월이 들어 있음을 감안하면, 본문의 이 말은 곧 '약
32.6개월을 양분(兩分)하여 그 중간 지점에서 볼 경우 대개 15차례 내지
16차례 정도의 합삭이 있다'는 뜻으로 한 말이 아닐까 생각된다.

與天日會者, 自速十餘
倍. 此日之所以歲周,
而月之所以月周也. 日
一年, 與天一會, 月一
年, 與天十三會, 與日
十二會. 其與天會者,
無所用, 故古今少道之.
天, 以日爲天. 故日與
天會而爲歲功. 月於氣
無與. 故其與天會者一
無所用, 而僅以與日會
者, 紀乎二十四氣之行.
日月每三十餘會而一閏,
兩閏之中謂十五十六會

> 與天日會者自速十餘倍此日之所以歲周而月之所以月周也日一年與天一會月一年與天十三會與日十二會其與天會者無所用故古今少道之天以日爲天故日與天會而爲歲功月於氣無與故其與天會者一無所用而僅以與日會者紀乎二十四氣之行日月每三十餘會而一閏兩閏之中謂十五十六會

다만 그믐 초하루 상하현 보름만 가지고 도수로 삼는다면
점차 24절기와 어긋나게 되므로, 그믐 초하루 상하현 보름
을 가지고 도수로 삼되 윤달을 넣어 따라가면 비록 잠깐 어
긋나기는 하지만 언제나 끌어당겨 미칠 수가 있게 된다.
해와 달이 한 번 만남에 29일 반 남짓 걸리는데,
절기(節氣)와 중기(中氣)가 언제나 그 속에
들어 있다. 그러나 30여 번 만날 때마다
중기 1개가 어느 삭망월 밖으로 밀려 나가 다음 삭망월 초에
들어가게 된다. 그리하여 어느 삭망월에는 오직
한 개의 절기만 그 달의 한가운데 있게 되니, -무중월 발생-
이에 윤달을 두는 것이다. 이는 하늘이 쓰지 않는 것을 사
람이 활용하는 것이다. 사람이 활용할 경우, 15일 이전의
반월로써 전월을 마치고 16일 이후의
반월로써 후월을 일으키는 것이니, 전월을 마치면 음력
달이 오랫동안 어긋나지 않게 되어 양력 해를 따라가게 되
고 후월을 일으키면 양력 해가 여유 있게 되어 음력 달을
기다리게 된다. 따라서 농사짓는 시기는 언제나 계절을 놓
치지 않게 되고 사람과 하늘도 늘 어긋나지 않게 된다.
19년 동안에 7번 윤달을 두면 해와 달은 235회 만나게 되는
데, 이는 항성천과 해가 19회
만나는 것과 길이가 똑같아 조금의 과부족도 없다.
그러므로 1장(章)이 된다.

也. 但以晦朔弦望爲度,
則漸違乎氣. 以晦朔弦
望爲度, 而閏以追之,
則雖暫違, 而常扳以及
之. 日月一會, 二十九
日半有奇. 二氣之日常
在其內. 每三十餘會,
則中氣必出一會之外,
入再會之初, 而其月惟
一氣在其月之中, 於此
置閏. 天不用之而人用
之也. 人之用之者, 以
望前半月終前月, 望後
半月起後月. 終前月則
月無久違而及日, 起後
月則日有餘裕而待月.
農桑之候, 常不失序,
而人與天, 常不相違矣.
十九年七閏, 則日月二
百三十五會, 與天日十
九會平等而無少不及.
故爲一章也."

違乎氣. 以晦朔弦望爲度, 而閏以追之, 則雖暫違, 而常扳以及之. 日月一會, 二十九日半有奇. 二氣之日常在其內. 每三十餘會, 則中氣必出一會之外, 入再會之初, 而其月惟一氣在此其出一月之會之中者以此入再會天之初而其月用之終前兩月望則置閏天之不初用之其月惟一氣在其月之中於此置閏. 天不用之而人用之也. 人之用之者, 以望前半月終前月, 望後半月起後月. 終前月則月無久違而及日, 起後月則日有餘裕而待月. 農桑之候, 常不失序, 而人與天, 常不相違矣. 十九年七閏, 則日月二百三十五會, 與天日十九會平等而無少不及. 故爲一章也.

(8) 김씨(金氏)의 주석

⑲ 김씨 - 김수(金燧) - 29)가 말하였다. "기영이 찼는데도 (깎지 않고 태양년만 쓰면서) 윤달을 두지 않는다면 그믐 · 초하루 · 상하현 · 보름이 틀리게 되고, 삭허가 비었는데도 (채우지 않고 태음력만 쓰면서) 윤달을 두지 않는다면 춘 · 하 · 추 · 동이 어긋나게 된다. 태양력만 위주로 삼아 윤달을 놓치게 되면, 입춘이 1월 1일이 되고 경칩이 2월 1일이 되는 식으로 절기를 따라 한 달이 되되 달마다 모두 그러할 것이다. 따라서 초하루에 합삭이 일어나지 않게 되고 그믐에 그믐달이 보이지 않게 될 것이니, 어찌 초하루 · 보름 · 초여드레 · 스무사흘을 달의 회 · 삭 · 현 · 망과 일치시킬 수 있겠는가? 태음력만 위주로 삼아 윤달을 놓치게 되면, 단지 세 달 - 1월 · 2월 · 3월 - 이 봄이 되고 세 달 - 4월 · 5월 · 6월 - 이 여름이 되며, 또

---

29) 김수(金燧)는 명(明) 나라 때 사람인데, 그 행적이 자세하지 않다.

⑲ 金氏曰 : "氣盈
而不置閏, 則晦·朔·弦
·望差, 朔虛而不置閏,
則春·夏·秋·冬差. 氣
盈而失閏, 則立春爲正
月一日, 驚蟄爲二月一
日, 隨節氣而爲月, 累
累皆然. 當朔不朔, 當
晦不晦, 安得合初一·
十五·初八·二十三之晦·
朔·弦·望乎? 朔虛而
失閏, 則只以三箇月爲
春, 三箇月爲夏. 又兩

金氏曰氣盈而不置閏則晦朔弦望差朔虛而失閏則立春為正月一日驚蟄不為二月一日隨節氣合而為初一月累累皆然當朔不朔當晦不晦安得合初一十五初八二十三之春夏為正月一日累累皆然當十五初八二十三箇月為春三箇月為夏又兩而失閏則只以三

두 개의 세 달이 가을-7월·8월·9월-이 되고 겨울-10월·

11월·12월-이 되어 열두 달을 따라 1년이 되되 철마다

모두 그러할 것이니, 봄이 봄이 아니요, 가을이 가을이 아

니며, 여름이 덥지 않고 겨울이 춥지 않을 것이다.

33개 삭망월-약 32.6월-을 지나면 기영과 삭허의

날수가 쌓여 1개월에 이르게 되니, 이에 윤달을

두기에 마땅하다. 앞의 윤달이 뒤의 윤달과 떨어진 거리도

역시 33개 삭망월이니, 그 삭망월 수 속에 큰달이

많으면 33개월을 초과하여 34개월 만에 윤달을 두는 경우가

있으며, 큰달이 적으면

33개월에 미치지 못하여 32개월 만에 윤달을 두는 경우도

있다.30) 윤달을 둔다는 것은 기영을 깎아 내어 삭허를

보충하는 것이다. 대략

33개 삭망월을 지나면, 기영과 삭허를 깎고 보충하기에

적당하게 되며 절기의 날짜가 밀리어 이동하게 되는 결과,

자연히 1개월 속에 중기가 없어지게 되어 이를 윤달로 삼게 된다.”

---

30) “33개 삭망월-약 32.6월-을 지나면 …… 윤달을 두는 경우도 있다”
    함은 이른바 ‘평삭법(平朔法)’과 ‘평기법(平氣法)’에 기초하여 평균적으
    로 윤달을 두는 방법을 설명한 것이다. 그리고 ‘큰달이 많으면 34개월
    만에, 큰달이 적으면 32개월 만에 윤달을 두는 경우가 있다’ 함은, 전
    자의 경우 큰달이 많은 만큼 윤율로 산입되는 날수가 감소하는 바람에
    ‘윤달 1개월의 날수’를 채우는 데 기간이 더 걸려 윤달을 두는 간격-
    삭망월 수-이 늘어나게 된다는 말이고, 후자의 경우 이와 반대로 그 만
    큼 윤율로 산입되는 날수가 증가하는 결과 윤달을 넣는 간격도 줄어들
    게 된다는 말이다.

箇三月爲秋·爲冬, 隨
十二月而爲一歲, 累累
皆然. 春非春, 秋非秋,
夏不熱, 冬不寒矣. 經
三十三箇月, 則氣盈朔
虛之數積[31])及一月, 便合
置閏. 前閏距後閏, 亦
三十三箇月. 數內大月
多, 則過數, 而閏三十
四箇月者有之, 大月少,
則不及數, 亦閏三十二箇
月者亦有之. 閏, 所以
消其盈而息其虛也. 大
略經三十三箇月, 則消
息停當·氣節差移, 自然
月內無中氣而爲閏焉."

箇三月爲秋·爲冬, 隨十二月而爲一歲, 累累皆然. 春非春, 秋非秋, 夏不熱, 冬不寒矣. 經三十三箇月, 則氣盈朔虛之數即及一月, 便合置閏. 前閏距後閏, 亦三十三箇月. 數內大月多, 則過數, 而閏三十四箇月者有之, 大月少, 則不及數, 亦閏三十二箇月者亦有之. 閏, 所以消其盈而息其虛也. 大略經三十三箇月, 則消息停當·氣節差移, 自然月內無中氣而爲閏焉.

---

31) 원문에서 잘못 '卽'으로 표기한 것을 '積'으로 바로잡았다.

(9) 진씨(陳氏)의 주석

⑳ 신안 진씨-진력(陳櫟)-32)가 말하였다. "'1도를 4등분
(等分) 한 하나'-곧 $\frac{1}{4}$도-라는 것은 온전한 주천도수
365도 외에, 그 나머지 도수에 '1도를 4등분한 것
중의 1분'이 있다는 말이다. 이는 1주년(周年)의
온전한 날수 외에, 그 나머지 날에도 '1일을
4등분한 것 중의 1분'이 있다는 말에 대응한다. 이것이
이른바 '1일을 4등분 한 하나'-곧 $\frac{1}{4}$일-이다. '940'등분 한
것이 1일이고, 그 940의 '235분'이라는 것
이 바로 4등분한 것 중의 1분이니,
'$\frac{235}{940}$일'은
바로 $\frac{1}{4}$일이다.
달은 매일 항성천에 대해 13도 남짓을 미치지 못하니,
이는 해에 대해 12도 남짓을 미치지 못 하는 셈이다.
이 12도 남짓을 29일과 $\frac{499}{940}$일 동안 쌓아서
달이 해와 만난다.
이 499분은

---

32) 진력(陳櫟)은 원(元) 나라 때 사람으로 자(字)가 수옹(壽翁), 호(號)가
우정(宇定)이다. 『서경(書經)』에 대해 『상서집전찬소(尚書集傳纂疏)』를
지었다.

⑳ 新安陳氏曰 : "四
分度之一者, 周天全度
外, 其零度有一度四分
中之一分也. 以對周歲
全日外, 其零日亦有一
日四分中之一分. 所謂
四分日之一也. 九百四
十分爲一日, 其二百三
十五分, 卽四分中一分.
九百四十分日之二百三
十五, 卽四分日之一也.
月一日不及天十三度有
奇, 是不及日十二度有
奇. 積二十九日零四百
九十九分, 而月與日會.
四百九十九分, 是六時

新安陳氏曰:"四分度之一者也,周天全度外,其零度有一度四分中之一也.以對周歲全日,其零日亦有一日四分中之一分.所謂四分日之一也.九百四十分爲一日,其二百三十五分,卽四分中一分.九百四十分日之二百三十五,卽四分日之一也.月一日不及天十三度有奇,是不及日十二度有奇.積二十九日零四百九十九分,而月與日會,四百九十九分,是六時

6시간 3각(刻) -12시간 45분- 33)에 조금 **빠지는데**, 29일

6시간 3각이 실로 1삭망월이다.

달이 해와 12번 만나 온전한 날 348일을

얻으니, 바로 12개월과 29일을 서로 곱한 날수이다.

나머지의 분일을 곱하여 얻은 날수에 대해서도 일법 940

으로 계산하면 5,640분일은 6일에 해당한다.

'6'을 얻는다 함은 '6일'

을 얻는다는 뜻이다. '나머지'라는 것은 아직도 남아 있는

348분이다. 앞의 348일에

6일을 보태면 1년 동안 통틀어 354일

이 된다. 이것이 1년 중 태음력의

날수이다.34) 19년의 윤여(閏餘) -윤율- 는

통틀어 206일을 얻게 되므로, 반드시

7개의 윤달을 넣어야 한다. 그러므로 19년 또는

20년마다 틀림없이 동지 -태양년- 와 삭일 -태음년- 이

---

33)   이는 1일의 길이를 100각(刻)으로 본 시간 계산인데, 계산의 편의를
위해 100각을 96각으로 치기도 한다. 1일을 96각으로 친다면 1시간의
길이는 1일을 12시간으로 볼 경우에 8각이 되며, 24시간으로 볼 경우
에 4각이 된다. -그 어느 경우이든 1각의 길이는 오늘날의 15분이다. - 본문
에서는 1일의 길이를 12시간으로 본 것이므로, 오늘날의 24시간으로
환산하면 12시간 45분이 된다. -6시간 3각이든 12시간 45분이든 모두 51각
에 해당한다. -

34)   "달이 해와 12번 만나 …… 태음력의 날수이다"라는 말은 태음력상 1
년의 날수를 계산하는 방법을 설명한 것이다. 이를 오늘날의 수식으로
나타내면 "$29\frac{499}{940}$ 일 × 12월 = $354\frac{348}{940}$ 일"이 된다.

零三刻弱也. 二十九日
零六時三刻, 實爲一月.
十二會得全日三百四十
八, 乃十二箇二十九日,
餘分之積, 以日法算之,
其五千六百四十分, 該
六日, 而得六者, 得六
日也. 零者, 尙有三百
四十八分. 三百四十八
日加六日, 一歲通三百
五十四日. 此一歲小歲
之數也. 十九年閏餘,
通得二百單六日, 須置
七閏月. 所以每十九年
或二十年, 必氣朔同日

八時三刻實爲一月零三刻弱也。二十九日零六時三刻實爲一月。十二會得全日三百四十八乃十二箇二十九日餘分之積以日法算之其五千六百四十分該六日而得六者得六日也。零者尙有三百四十八分。三百四十八日加六日一歲通三百五十四日此一歲小歲之數也。十九年閏餘通得二百單六日須置七閏月。所以每十九年或二十年必氣朔同日

같은 날에 (시작되는 일이) 한 번 있게 된다. 그러나 1년

중에는 단지 354일만 있는데, 『서경』에서

'1주년은 366일이다'라고 하니,

무슨 까닭인가? 이 366일은 1년 중 태양력[大歲]의

날수이다. 대개 금년의 입춘에서 명년의 입춘에 이르기

까지 24절기의 전체 날수는

모두 365일과 25각 $-365\frac{1}{4}$ 일 $-$ 이다.

25각은 곧

$\frac{1}{4}$ 일인데, 25각을

1일로 치는 것은 전수(全數)를 들어서 말한 것이다.

그러므로 '366일'이라 하였다.

2개의 절기가 한 달－1절월(節月)－을 이루는데, 한 달에는

30일 5시간 2각－10시간 30분－35)이 있게 마련이니, 이 시각

에 비로소 다음 달의 절기와 교대한다. 24절기의 날수를

합하면 365일 25각이 되는데,

이는 기영이 꽉 찬 날수이다.

12삭망월 중에 6개의 작은달이 있으니, 이는

---

35) 1개의 절기(節氣)와 1개의 중기(中氣)로 구성되는 1개월을 '1절월(節月)'이라 하는데, 그 길이는 1년을 365.25일로 볼 경우 30.4375일이 된다. 이 소수 부분 0.4375일은 1일 96각 중의 42각에 해당하며, 이는 또 5시간 2각, 즉 오늘날의 10시간 30분에 해당한다. 따라서 『서경대전』의 '二時五刻'은 '五時二刻'의 명백한 오기(誤記)이므로, '五時二刻'으로 바로잡았다. 이 아래에 나오는 '五時二刻'도 '二時五刻'으로 되어 있는 것을 바로잡은 것이다.

者一番也. 然一歲只有
三百五十四日, 而經云
朞三百有六旬有六日,
何也. 此一歲大歲之數
也. 蓋今年立春, 到明
年立春, 二十四氣全數,
并有三百六十五日零二
十五刻. 二十五刻, 卽
四分日之一. 以二十五
刻當一日, 擧全數而言.
故曰三百六旬有六日也.
二氣爲一月, 必有三十
日零五時二刻, 始交後
月節氣. 合二十四氣該
三百六十五日零二十五
刻, 此氣盈之溢數也.
十二月有六小盡者, 此

［右側 原文 影印］

日而經云者朞三百有六旬有六日何也此一歲
十四大歲之數並有蓋今年立春到明年立春二十五日零二
一刻日二十舉五數而言故曰三百六旬有六日當
後二月氣節爲一合二十四氣該日三百六十五刻始交
盡二十五刻此氣盈之溢數也十二月有六小

삭허로서 텅 빈 날수이다. 1삭망월 중에

30일로 된 온전한 달이 없다면, 이 빠진 1일이 삭허가 아니

고 무엇이겠는가? 2개의 절기에는 반드시 30일에 5시간 2각

이 첨가되어 있으니, 이 첨가된 시간이 기영이 아니고 무엇

이겠는가? 24개 절기의 기영과 6개 소월의 삭허,

이 둘은 서로 병존하면서 해치지 않는다. 이와 같은

기영과 삭허로 인해 그 사이에 윤달을 넣으니, 이 두 가지

는 서로 뒤섞이고 합하여 사귐을 이루어 낸다.

이러하고 보면 이것은 아마도 만세(萬世)토록 바꿀 수 없는

신묘한 법칙이 아니겠는가."

(10) 임씨(林氏)의 주석

　㉑ 임씨 – 임지기(林之奇) – 36)가 말하였다. "27장

(章)이 1회(會) 513년이니,

3회가 1통(統) 81장으로

1,539년이며,

3통이 1원(元)

4,617년이다. 장 · 통 · 회 · 원은

영원무궁한 세월을 운행한다."

---

36)　임지기(林之奇)는 송(宋) 나라 때 사람으로 자(字)가 소영(少穎), 호(號)가
　　졸재(拙齋)이다. 『서경(書經)』에 대해 『상서전해(尙書全解)』를 지었다.

朔虛之虧數也. 一朔無
三十日全, 非朔虛而何?
二氣必三十日添五時二
刻, 非氣盈而何? 節氣
之有餘與小盡之不足,
二者並行而不相悖. 因
此有餘不足而置閏於其
間, 二者參合而交相成.
茲其爲萬世不能易之妙
法歟."

㉑ 林氏曰 : "二十
七章爲一會五百一十三
年. 三會爲一統八十一
章一千五百三十九年.
三統爲一元四千六百一
十七年. 章·統·會·元,
運於無窮."

朔虛之虧數也. 一朔無三十日全, 非朔虛而何? 二氣必三十日添五時二刻, 非氣盈而何? 節氣之有餘與小盡之不足, 二者並行而不相悖. 因此有餘不足而置閏於其間, 二者參合而交相成. 茲其爲萬世不能易之妙法歟.

林氏曰: 二十七章爲一會五百一十三年. 三會爲一統八十一章一千五百三十九年. 三統爲一元四千六百一十七年. 章·統·會·元, 運於無窮.

(11) 여씨(呂氏)의 주석

㉒ 여씨(呂氏)[37]가 말하였다. "'진실로 백관들을 잘 다스린다[允釐百工]' '모든 사업을 다 빛낼 것이다[庶績咸熙]'라는 두 구절은 바로 사관(史官)이 '요 임금이 역법을 정비하고 계절을 밝혀준 일로 인해 관리들을 바로잡고 정사를 베푸는 효과를 이루었다'는 사실을 기록한 것이지, 요 임금의 말이 아니다."

(12) 동정(董鼎)의 주석

㉓ 동정(董鼎)[38] 씨가 말하였다. "해와 달은 항성천에 붙어 있으니, 모두 항성천을 따라 운행하게 마련이다. 그런데도 항성천은 왼쪽으로 돌고 해·달 및 5행성은 오른쪽으로 돈다고 한다. 왜 그런가? 그 대개를 말하자면, 항성천은 가장 굳세어서 운행 속도가 빠르니, 해·달·5행성 등은 항성천에 미치지 못한다. 그러나 28수(宿)

---

37) 여씨(呂氏)는 누구를 가리키는지 미상이다. 짐작컨대 여조겸(呂祖謙)을 지칭하는 말인 듯하다.
38) 동정(董鼎)은 원(元) 나라 때 사람으로 자가 계형(季亨)이다. 『서경』에 대해 『서전집록찬주(書傳輯錄纂注)』를 지었다.

㉒ 呂氏曰 : "釐工·
熙績二句, 乃史紀堯因
治曆明時, 而致正官立
治之力, 非堯言也."

㉓ 董氏鼎曰 : "日月
麗乎天, 宜皆隨天而行
也. 而曰天左旋, 日月
五星右轉, 何哉? 大要,
天最健而行速, 日月五
星不相及耳. 然二十八

○呂氏曰釐工熙績二句乃史紀堯因治曆明時而致正官立治之力非堯言也○董氏鼎曰日月麗乎天宜皆隨天而行也而曰天左旋日月五星右轉何哉大要天最健而行速日月五星不相及耳然

二十八

도 역시 별인데 어찌해서 항성천과 함께 운행하고,

해 · 달 · 5행성만은 함께 운행하지

못하는가? 주자가 말하기를 '항성천은 형체가 없다.

다만 28수(宿)가 곧 그 형체[表象]이니,

28수의 운행이 바로 항성천의 운행이다' 하였다.

그러므로 이들을 항성[經星]이라 이르니, 이는 마치 베틀에

'날실'이 걸려 있어 제자리를 지키며 움직이지 않는 데 반

해, 해 · 달 · 5행성 등은 그 가운데서 '씨실' 노릇을 하는

것과 같다. 그리하여 그들은 밤 · 낮으로 나뉘고 계절 따라

배열되되, 어느 것이고 항성천을 따르면서 조화(造化)의 공

(功)을 이루지 않는 것이 없다. 그러므로 지면의 관측자라

는 입장에서 그 운행을 관찰하면 모두 동쪽에서 떠서 서쪽

으로 지니, 땅을 둘러싼 채 왼쪽으로 도는 것이다. 또 항성

천의 도수라는 관점에서 그들이 머무는 자리를 살펴보면 해

· 달 · 5행성만은 유독 점차 동쪽으로 자리를 옮겨 가니, 항

성천을 거슬러 오른쪽으로 도는 것이다. 대개 이들의 운행

도수가 항성천에 미치지 못함으로 인해 머무는 자리가 날로

宿, 亦星也. 何以與天並行, 而日月五星, 獨不能並行也? 朱子曰, '天無體, 二十八宿便是體. 二十八宿之行, 卽天行也.' 是以謂之經星. 猶機絲之有經, 一定而不動, 而日月五星, 緯乎其中. 所以分晝夜而列四時, 無非順天而成造化也. 故自地面而觀其運行, 則皆東升西沒, 繞地而左旋, 自天度而考其次舍, 則日月五星, 獨以漸而東, 爲逆天而右轉. 蓋由其行不及天, 而次舍日以退.

由其行不及天而次舍日以退蓋 則日月五星獨以漸而左旋東為逆天而右轉蓋舍 東升西沒繞地而左旋自天為度而考其次舍皆順 天緯乎其中所以分晝夜而列四時無 經星猶機絲之有經一行定而不動而日月五 便是體二十八宿之行卽天行也是以謂之 星獨不宿亦星也朱子曰天無體二十八宿五

후퇴한다. 그러나 그 자리는 후퇴할지라도 운행 그 자체는 전진

하지 않은 적이 없을 뿐더러, 후퇴함이 거스르는 방향일지라도

전진하는 방향은 언제나 항성천의 운행 방향인 것이다. 항성천에

대해서는 비록 거스르며 오른쪽으로 돌지만, 지면에 대해서는 언제나

항성천을 따라 왼쪽으로 돌지 않은 적이 없다. 채침(蔡沈)

씨의 『서전』에서는 말하기를 '항성천은 왼쪽으로 도니, 해·달도

항성천에 붙은 채 역시 왼쪽으로 돈다' 했고, 『주자어류』

속에는, '주자가 장횡거의 말을 인용하여 「항성천은 왼쪽으

로 도니, 그 속에 있는 천체는 그에 따라서 왼쪽으로 돈다.

그러므로 해·달·별[星辰] 등도 왼쪽으로 돈다」고 말하고,

이는 항성천의 운행에 대해 가장 잘 꿰뚫어 본 견해인데,

지면에서 보아 항성천의 운행 방향으로 돈다고 본 것이다'

고 한 말을 실었다. 그런데 『논어혹문(論語或問)』에는 '항

성은 항성천을 따라 왼쪽으로 돌고, 해·달·5행성 등은 오

른쪽으로 돈다'[39] 하였다. 또 『시경(詩經)·시월지교(十月

之交)』에 대한 주자의 주석에서는 '항성천을 한 바퀴 도는

---

39) 『四書或問』 卷7 論語 爲政第二 : "北極之星 …… 常居其所而不動,
    其旁則經星隨天左旋, 日月五緯右轉, 更迭隱見, 皆若環繞而歸向之."

然舍雖退, 而行未嘗不

進也. 退雖逆, 而進未

嘗不順也. 於天雖逆而

右轉, 於地則未嘗不順

而左旋也. 蔡氏書傳曰,

'天左旋, 日月麗天亦左

旋.' 而語錄中載朱子

引橫渠曰, '「天左旋, 處

其中者順之. 故日月星

辰亦左旋.」此洞見天道

之流行, 就地面而順觀

之也.' 論語或問曰,

'經星隨天左旋, 日月五

緯右轉.' 詩十月之交傳

曰, '周天三百六十五

度四分度之一, 左旋於

行未嘗不進也退雖逆而進未嘗然舍雖退而

蔡氏書傳朱子天左旋日月麗天亦左旋而右轉於地則未嘗不順而左旋也

之中日載月星辰亦左渠旋論語或問曰天道之流行就順語也故日月星辰亦左旋此洞見

三百六十五度四分度之一左旋於交傳日星周隨天左旋日月五緯右轉也詩十月之

도수는 $365\frac{1}{4}$도인데, 지면에 대해 왼쪽으로 돈다. 하루 낮 하루 밤 동안에 그 운행이 천구를 일주하고 또 1도를 더 지나친다. 해와 달은 모두 항성천에 대해 오른쪽으로 도는 데, 하루 낮 하루 밤 동안에 해는 1도를 운행하고 달은 $13\frac{7}{19}$도를 운행한다.' 하였다. 이는 해와 달이 천구상의 어느 도수에서 머무는지를 계산하느라 그 운행 도수를 거슬러 취한 것이다. 유가(儒家)에서 천체의 운행을 논할 때는 모두 항성천을 따라 왼쪽으로 돈다고 하는데, 역법가들이 주천도수를 따질 때는 해·달·5행성이 항성천을 거슬러 오른쪽으로 돈다고 한다. 그러나 이들이 머무는 자리는 비록 거슬러 운행하지만 달려가는 방향은 항성천과 같다. 항성천의 도수의 관점에서 살펴보면 비록 오른쪽으로 도는 셈이 되지만 지면의 관측자의 입장에서 관찰하면 여전히 왼쪽으로 돈다. 그 운행이 항성천에 대해서인지 지면에 대해서인지를 분명히 안다면, 왼쪽으로 도는 것과 오른쪽으로 도는 것이 비록 다르다 해도 실제로는 동일한 것이다. 또 살피건대, 『논어혹문』은 곧 주자가 미처 확정하지 못한 저서이다. 그리고 『주자어류』에서는 또 '해와 달은 왼쪽으로 돈다'는 견해를 말했으나, 혹 사람들이 이해하지 못할까 염려한 까닭에 『시전(詩傳)』에는 단지 구설(舊說)만 실었다. 그러니 「채전(蔡傳)」에는 역시 의심스러운 점이 없다."

地, 一晝一夜, 則其行
一周而又過一度. 日月
皆右行於天, 一晝一夜,
則日行一度, 月行十三
度十九分度之七.' 此,
步占日月之躔次於天度
而逆取之也. 儒家論天
道,則皆順而左旋, 曆家
考天度, 則日月五星逆
而右轉. 然其次舍雖逆,
其趨向則順. 自天度考
之, 雖成右轉, 自地面
觀之, 仍是左旋. 明於
天於地之說, 則知左旋
右轉雖異, 而實同矣.
又按, 論語或問, 乃朱
子未定之書, 而語錄中
又謂日月左旋之說, 恐
人不曉, 故詩傳中只載
舊說, 則蔡傳亦無可
疑."

一晝一夜, 則其行一周而又過一度. 日月皆右行於天, 一晝一夜, 則日行一度, 月行十三度十九分度之七. 此步占日月之躔次於天度而逆取之也. 儒家論天道, 則皆順而左旋, 曆家考天度, 則日月五星逆而右轉. 然其次舍雖逆, 其趨向則順. 自天度考之, 雖成右轉, 自地面觀之, 仍是左旋. 明於天於地之說, 則知左旋右轉雖異, 而實同矣. 又按, 論語或問, 乃朱子未定之書, 而語錄中又謂日月左旋之說, 恐人不曉, 故詩傳中只載舊說, 則蔡傳亦無可疑.

(13) 진아언(陳雅言)의 주석

㉔ 진아언(陳雅言)[40] 씨가 말하였다. "남는 날을 윤달

로 삼는 법은 비록 천도(天道)에는 있는 것이 아니지만,

역시 인시(人時)에는 없어서 아니 되는 바이다.

만약 항성천과 해·달이 운행함에 태양년-절기-과 태음

년-월삭-에 남고 모자라는 날수가 있음에도 불구하고

윤달을 두어 조절하지 않는다면, 계절도 장차 일정하지 않

게 되고 세공(歲功)도 장차 이루어지지 않게 될 것이니, 어

떻게 백성들에게 믿음을 보여 줌으로써 제때에 일처리를

하게 할 수 있겠는가? 그렇다면 윤달이 천시(天時)와 인사

(人事)에 관계됨이 이와 같으니, 역월(曆月)을 만드는

자는 어찌 마음을 다 쏟지 않아서야 되겠는가?"

---

40)   진아언(陳雅言)은 명(明) 나라 때 사람인데, 『서경』에 대해 『상서탁약
(尙書卓躍)』[일명 『서의탁약(書義卓躍)』]을 지었다.

㉔ 陳氏雅言曰 : "閏
之爲閏, 雖非天道之所
有, 而亦人時之所不可
無. 使天與日月之行,
氣朔之有餘不足, 而不
置閏以歸之, 則時且不
定, 歲且不成, 何以示
信於下, 使及時趨事乎?
然則閏之有係於天時人
事如此, 治曆者庸可不
盡心哉."

○陳氏雅言曰閏之爲閏雖非天道之所有亦人時之所不可無使天與日月之行氣朔之有餘不足而不置閏以歸之則時且不定歲且不成何以示信於下使及時趨事如此治曆者庸可不盡心哉

5. 여론(餘論)

(1) 『서경(書經)・요전(堯典)』에 대하여

『서경(書經)』은 유가(儒家)의 주요 경전(經典) 중의 하나로서, 오경(五經) 가운데 첫 번째로 손꼽히는 책이다. 원래는 『서(書)』라고 일컬어졌는데, 한대(漢代)에 이르러 『상서(尙書)』라고 불리기 시작하였다. 글자의 뜻만으로 보면, '서(書)'는 '기록(記錄)' 또는 '문서(文書)'라는 의미이고, '상서(尙書)'는 '상고(上古) 시대의 기록'이라는 의미이다. 그러한 기록은 당초 3,240편(篇)에 이르는 많은 분량이었으나, 공자(孔子, B.C.551~479)가 산삭(刪削)하여 102편으로 만들었다고 전해진다. 이로 인해 유가의 경전으로 취급되면서 『서경(書經)』이라고 불리게 되었다.

진시황(秦始皇)의 분서갱유(焚書坑儒)와 진말(秦末)의 전화(戰火)로 인해 이 책 역시 세상에서 자취를 감추었으나, 한(漢) 나라 초기에 복생(伏生)-복승(伏勝)-에 의해 겨우 29편이 전해졌다.-뒤에 「강왕지고(康王之誥)」를 「고명(顧命)」에 합합으로써 29편을 28편으로 만들었다.- 이것이 이른바 예서(隷書)로 쓰인 '금문상서(今文尙

書)'이다. 그 뒤 한 무제(漢武帝) 때 '공자의 옛집 벽[孔壁]' 속에
서 과두문자(蝌蚪文字)로 쓰인 '고문상서(古文尚書)'가 나왔는데,
이는 금문상서에 비해 16편이 더 많은 45편이었다.-이 고문상서에
대해 한(漢)의 공안국(孔安國)이 주석[傳]을 달았다 한다.- 그러나 서진(西
晉) 말기에 영가의 난[永嘉之亂]1)을 맞아 고문상서 또한 망실(亡
失)되고 말았다. 조금 뒤 동진(東晉)의 원제(元帝) 때 매색(枚賾)
이 공안국이 주석[傳]했다는 '위고문상서(僞古文尚書)' 58편을 바
쳤다. 이는 금문상서 28편을 33편으로 만들고, 거기에 위고문 25
편을 더 보탠 것이다. 당(唐)의 태종(太宗) 때 공영달(孔穎達)이
지은 『상서정의(尚書正義)』는 곧 이를 저본(底本)으로 삼은 것이
다. 이때부터 역대로 내려오면서 이 매색 본(本)의 '위고문상서'
가 공인된 경전으로 자리 잡고 널리 퍼져 지금까지 전해지게
되었다. 채침(蔡沈)이 주석한 『서경집전(書經集傳)』-일명 『서집전
(書集傳)』-도 물론 이에 기초한 것이다.

　『서경』의 내용은 '상고시대의 사관(史官)들에 의해 쓰인 군왕
(君王)의 정사(政事)에 관한 기록들을 모은 것'이거나 또는 '후세
의 사관들이 그러한 사적(事迹)들을 추술(追述)한 것'이다. 따라
서 『서경』의 원작자는 고대의 사관들이라고 할 수 있다. 『예기
(禮記)·옥조(玉藻)』에 의하면, 상고시대에도 군왕의 좌·우에는
언제나 사관이 한 사람씩 있어서 임금의 말과 행동을 각각 기록
으로 남겼었다.2) 『서경』의 기록 내용을 좀 더 구체적으로 살펴보

---

1) 　영가(永嘉) 5년(서기 311년), 흉노가 세운 나라 한(漢)의 군주인 유총(劉
　　聰)이 진(晉) 나라의 수도 낙양(洛陽)을 함락한 대란(大亂)을 '영가의 난
　　[永嘉之亂]'이라 이른다. 이 사건으로 많은 고서(古書)가 없어졌다.
2) 　『禮記·玉藻』: "動則左史書之, 言則右史書之."

면, 정치(政治)·사상(思想)·천문(天文)·지리(地理)·역사(歷史)·군사(軍事)·윤리(倫理)·종교(宗敎)·제사(祭祀) 등 광범위한 분야를 망라하고 있다. 또 그 기록은 문체(文體)를 기준으로 할 때 전(典)·모(謨)·훈(訓)·고(誥)·서(誓)·명(命)의 6가지로 나뉘는데, 이 중 '전(典)'은 중요한 공문서 또는 전범(典範)이 되는 기록[典冊]을 뜻하고, '모(謨)'는 군신 간의 국사에 대한 모의(謀議)를, '훈(訓)'은 신하가 군왕에게 올리는 충고를, '고(誥)'는 군왕의 신민(臣民)에 대한 계고(誡告)를, '서(誓)'는 군왕의 다중(多衆)에 대한 서사(誓詞)·호령(號令)을, '명(命)'은 관원의 임명이나 제후(諸侯)에 대한 상사(賞賜) 시에 내리는 군왕의 명령(命令)을 각각 뜻한다.

『서경』의 기록이 포괄하는 시대는 요(堯)·순(舜) 시대로부터 동주(東周) 시대의 진 목공(秦穆公) 때까지 걸쳐져 있으니, 모두 지금으로부터 약 4,000년~2,600년 전의 일에 해당하는 것이다.

「요전(堯典)」은 『서경』의 편명(篇名)으로, 요(堯) 임금이 순(舜) 임금에게 제위(帝位)를 선양(禪讓)하면서 백관(百官)을 의정(議定)한 일, 동·서·남·북의 사방(四方)으로써 춘·하·추·동의 사시(四時)에 안배한 일 등을 기록한 것이다. 이 역시 후세의 사관이 추술(追述)한 것임은 물론이다. 「요전」이 이루어진 확실한 시기는 알 수 없으나, 대개 주(周) 나라 초기로부터 전반기 사이로 보인다. 『금문상서』에서는 「요전(堯典)」과 「순전(舜典)」이 한 편(篇)으로 합쳐져 있었지만, 『고문상서』에서는 지금처럼 두 편으로 나뉘어 있었다.

채침(蔡沈, 1167~1230)은 자(字)가 중묵(仲默)이고 호(號)가 구

봉(九峯)인데, 서산 선생(西山先生)으로 불린 채원정(蔡元定)의 아들이자 성리학의 집대성자 주희(朱熹, 1130~1200)―주자(朱子)―[3]의 제자이다. 그는 1199년 주희로부터 『서경』의 주석서를 지어라는 명을 받고 10여 년 동안의 각고 끝에 『서경집전(書經集傳)』을 완성하였다. 그는 주희의 학설을 따르는 외에 임지기(林之奇)·소식(蘇軾)·여조겸(呂祖謙) 등의 학설도 채용하는 등 송대(宋代) 약 200년간의 학문 성과를 집성(集成)함으로써 공영달의 『상서정의』에 필적하는 주석서를 내놓았는데, 그것은 옛날 사람들의 견해에 얽매이지 않고 새로운 시각으로 경문(經文)을 풀이한 것으로서 관점이 명확하고 서술이 분명하여 『서경』의 연구에 새로운 국면을 열게 하는 것이었다. 그 뒤 『서경집전』은 원(元) 나라 때 학관(學官)에 쓰이게 되었고, 명(明) 나라에 들어와서는 영락(永樂) 연간에 『오경대전(五經大全)』에 들게 되었다. 그러자 그것은 그 이후로 줄곧 정통성을 부여받은 관정(官定) 교과서(敎科書)로서의 주석서(注釋書)이자 과거(科擧)에서 취사(取士)하는 표준서(標準書)가 되어 청(淸) 나라 말기에 이르기까지 널리 유행하였다.

우리나라에서도 전적으로 채침의 『서경집전』이 통용되었음은 두말할 나위가 없다. 우리나라에 유입되어 통용된 채침의 『서경집전』은 특히 명(明) 나라 때 호광(胡廣) 등이 칙명(勅命)을 받들어 편찬한 『오경대전(五經大全)』 본(本)인 『서경대전(書經大全)』이었

---

3)　주희(朱熹, 1130~1200)는 남송(南宋) 때의 철학자로, 자(字)가 원회(元晦)이고 호(號)가 회암(晦菴)이다. 송대(宋代) 이학(理學)의 집대성자이며, 후세 사람들이 주자(朱子)로 존칭한다. 저서에 『사서장구집주(四書章句集注)』·『주역본의(周易本義)』·『초사집주(楚辭集注)』·『시경집전(詩經集傳)』 등이 있다.

다. 이 책은 채침의 『서경집전』을 위주로 삼았으되 거기에다 다
시 여러 학자들의 주석을 더 보태어 모은 것이다. 우리나라의
내각본(內閣本) - 규장각(奎章閣)에 간직된 활자로 찍은 책 - 인 『서전대
전(書傳大全)』 - 이를 줄여서 『서전(書傳)』이라 이른다. - 은 바로 이 책이
다. 이 책에서는 『서경』의 경문을 큰 글씨로 쓰고, 채침의 주석
을 큰 글씨로 쓰되 한 자 낮추어 썼으며, 다른 여러 학자들의
주석은 한 자 낮춘 두 줄짜리의 작은 글씨로 썼다.

지금 이 책에서 대본(臺本)으로 삼은 책도 역시 호광 등이 편
찬한 『서경대전(書經大全)』이다.

(2) 중국 고대의 천문·역법에 대한 개관(槪觀)

중국에서 역(曆)의 제정과 반포·시행은 국가 권력의 상징이
었고, 따라서 그것은 천자(天子)만이 가지는 고유한 권한이었다.
천자는 하늘을 대신하여 백성들을 다스리는 존재이므로, 천문
현상의 관측과 역의 제정도 천자만의 소관이었던 것이다. 또 역
의 제정은 천문학과 수학에 정통한 고급 관료를 필요로 하는
일이었으므로, 일반인들로서는 사실상 접근이 불가능한 일이기
도 하였다. 왕조가 바뀌면 역법도 개정하였던 것은 '천자의 권
능은 하늘로부터 받은 것'이라는 관념을 나타낸다.

『주례(周禮)』에 의하면, 천자는 매년 말에 각국의 제후(諸侯)들
에게 다음 해 12개월의 달력[曆]을 반급(頒給)하고, 제후들은 그
것을 받아다 조상의 사당에 보관해 두고 매월 초하룻날 고유(告
由)한 다음 사용하였다.[4) 이것이 이른바 '곡삭례(告朔禮)'라는

것이다. 『논어(論語)』에서 공자가 자공(子貢)에게 "그대는 곡삭
례에 쓰이는 양(羊)을 아까워하는가? 나는 곡삭례 그 자체를 아
까워한다."[5]고 한 말은 곧 이러한 사정을 두고 이른 것이다. 그
러나 점차 과학이 발달되고 시대가 바뀌면서 역법도 발전되고
제도도 개선되어, 지금은 절대 권력을 가진 천자의 자리도 봉건
왕조도 폐지되고, 곡삭례 같은 것도 이미 옛날이야기가 되고 말
았다. 마치 하늘이 도는 것이 아니라 지구가 돈다는 사실이 밝
혀졌듯이. ─ 공자의 생존 시에 이미 곡삭례가 폐지된 것도 역법이 과학화(科學
化)되었음을 뜻한다. ─

　기록상으로 볼 때, 중국의 천문·역법은 "천문 현상을 관찰하
여 백성들에게 계절을 알려준다"[6]는 '관상수시(觀象授時)'의 단
계에서 처음 출발하였다고 할 수 있다. 농경 사회에서 계절의
변화를 정확히 파악하는 것은 농사에 필요 불가결한 일이었으
므로, '관상수시'는 고대 국가에서 정치의 요체였다고 할 수 있
다. 그리고 보면 중국의 역법은 처음부터 농업 생산을 위한 실
제의 필요에 의해 생긴 것이다. 『서경』「요전」에 의하면, 그 당
시에 이미 별자리의 이동으로써 계절을 알아내었을 뿐만 아니
라,[7] 앞에서 본 바와 같이 "1태양년은 365일이고, 윤달로써 네
계절을 일정하게 하여야 한다"[8]는 사실도 알고 있었는데, 이는
모두 지금부터 약 4,000여 년 전의 일이다. 특히 주의를 끄는 것

---

4) 『周禮』『春官』 : "(大史)頒告朔于邦國." 「鄭玄注」 : "天子頒朔于諸侯,
　　諸侯藏之祖廟, 至朔朝于廟, 告而受行之."
5) 『論語』「八佾」 : "子貢欲去告朔之餼羊, 子曰, '賜, 爾愛其羊, 我愛其禮.'"
6) 『書經·堯典』 : "曆象日月星辰, 敬授人時."
7) 『書經·堯典』 : "日中星鳥, 以殷仲春. 日永星火, 以正仲夏. 宵中星虛,
　　以殷仲秋. 日短星昴, 以正仲冬."
8) 『書經·堯典』 : "朞三百有六旬有六日, 以閏月定四時."

은 그 당시 사람들이 1삭망월의 길이와 1태양년의 길이를 알아
내고 이 두 가지를 결합함으로써 태음력에 윤달을 넣는 치윤법
(置閏法)도 알고 있었다는 사실이다.

　　그러나 역법이 제대로 정비된 모습을 갖추게 된 것은 춘추시
대에 들어와서였다. 이때 비로소 1삭망월과 1태양년의 길이를
정확하게 파악하게 되었는데, 1삭망월의 길이를 알아내는 데는
달과 해의 회합[合朔] 주기를 관찰하였고, 계절의 변화와 1태양
년의 길이를 알아내는 데는 별자리의 이동과 연주운동을 관찰
한다든지 북두칠성의 자루가 가리키는 방향이나 황도상에서 해
가 깔고 앉아 있는 별자리[日躔星次] 등을 관찰하였다. 주(周)
나라 때는 또한 해의 그림자를 재는 방법을 써서 1년의 길이를
정밀히 알아내기도 하였다.

　　전국시대에 이르러서는 연대월(連大月)의 배치와 19년 7윤법
에 규칙성을 부여함으로써 상당히 완비된 선진 사분력(先秦四分
曆)을 갖게 되었다. 또 이 시기에는 24절기를 역월에 반영하였
으며, 세성(歲星)의 위치로써 해[年度]를 나타내기도 하였다. 그
리하여 대개 이 시기를 전후하여 '역법의 준비 시대'와 '역법의
확립 시대'로 나누게 된다.

　　진(秦)·한(漢) 이후 꾸준히 역법이 개정되어 역대(歷代)에 100
여 가지가 넘는 역(曆)이 나왔다. 이는 왕조가 바뀔 때마다 개력
(改曆)을 단행하였던 데에도 원인이 있지만, 왕왕 천상의 일식
(日食)·월식(月食)과 역(曆)의 초하루[朔]·보름[望]이 서로 일치
하지 않는 문제에서도 기인하였다. 이들 수많은 고력(古曆) 가운
데 한(漢) 나라 초기의 『태초력(太初曆)』(B.C. 104)이 최초의 완

비된 역으로 평가받으며, 남조(南朝) 때 조충지(祖沖之)의『대명
력(大明曆)』(510~523년), 당(唐) 나라 일행(一行)의『대연력(大衍
曆)』(729년), 원(元) 나라 왕순(王恂)·곽수경(郭守敬) 등의『수시
력(授時曆)』(1281~1644년), 그리고 청(淸) 나라의『시헌력(時憲
曆)』(1645년) 등이 유명하다. 이 가운데 특히『수시력』은 해·달·
행성 등에 대한 정확한 실측을 기초로 만든 가장 정밀한 역이
라는 점에서 이름이 높으며,『대통력(大統曆)』(1368년)이라는 명
칭으로 바뀌어 명(明) 나라 때까지 사용되었다. 명 나라 말기의
『숭정력서(崇禎曆書)』(1634년)에 기초한『시헌력』은 정기법(定氣法)
을 채택한 외에 독일의 탕약망(湯若望, Johann Adam Schall von
Bell)이 소개한 서양의 역법을 채용한 것으로 1태양년의 값이
가장 정확한데, 몇 차례의 수정을 거쳐 청 나라 말기까지 시행
되었다. 그 수정 작업의 중요한 것으로는『역상고성(曆象考成)』
(1722년)과『역상고성후편(曆象考成後編)』(1742년) 등을 들 수 있
다. 오늘날 쓰고 있는 태음태양력은 청(淸) 나라의 옹정 원년(雍
正元年, 1723년)을 역원으로 삼은『역상고성후편』을 따른 것이
다.─우리나라에서 역대로 사용한 역(曆)은 이은성(李殷晟) 씨가 지은『曆法의
原理分析』에 자세히 소개되어 있다.─9)

　옛날부터 중국에서는 해[日]·달[月]·별[星]의 운행 관계를 유
기적(有機的)으로 파악하고, 그러한 바탕 위에 태음력과 태양력
을 결합한 역법 즉 '태음태양력'을 사용하였다.─음·양력의 결합은
곧 중국 역법의 본질적 요소이다.─ 이는 '달의 해와의 만남[月與日會]'
을 기초로 1삭망월과 1태음년의 길이를 산출하고, 또 '해의 별

9)　이은성,『曆法의 原理分析』, 정음사, 1985, 서울, 321~365쪽.

과의 만남[日與天會]'을 기초로 1태양년의 길이를 산출한 다음 양자를 서로 결합하여 태음력과 계절 주기를 서로 일치시킨 것인데, 그 구체적인 방법은 태음력을 사용하면서 거기에 '19태양년 동안 7개의 윤달을 넣는 것'이었다. 또 이와는 별도로 역월에 곧바로 '24절기의 표시'를 병행하여 계절의 변화를 정확하게 나타내 주었다. 이와 같이 '달과 해', '해와 별'의 운행을 유기적인 관계로 파악함으로써 고대 동양에서는 농경 생활에 적합한 태음태양력이라는 정교한 역법 체계를 만들게 된 것이다. 이런 점에서 보면 중국의 천문학은 서양과는 대조적으로 분석적이라기보다는 종합적인 학문 경향을 띠고 있다.

사실 고대 중국의 천문학은 역법(曆法)과 일체 불가분의 관계를 맺고 있었다. 그것은 독자적으로 발전했다기보다는 오히려 역법을 위해 존재했다고 여겨질 정도이다.-점성술을 위한 목적도 있기는 하다.- 특히 한(漢) 나라 이후로는 일(日)·월(月)의 운행을 관찰하는 외에 일식·월식 현상과 오행성(五行星)의 운행까지도 관찰하는 등 천문학의 연구 대상이 넓어졌지만, 그러나 그러한 천문 연구는 모두 역법의 방면에 국한된 것이 특징이다. 따라서 중국의 고대 천문학사(天文學史)는 역법의 역사(歷史)라고 하여도 과언이 아니다. 이 역시 서양에서 주로 태양력을 사용하면서 천문학을 독자적으로 발전시킨 점과 대조를 이룬다.

또 해를 기준으로 한 1년-이는 실제 지구의 공전을 기준으로 한 1년이다.-과 달을 기준으로 한 1년을 각각 파악하고 기삭(氣朔)-기영(氣盈)과 삭허(朔虛)-을 조절함으로써 양자의 조화를 꾀한 태음태양력은 그 밑바탕에 태양[해]과 태음[달]을 똑같이 중시하는 관념, 즉 음양 조화의 사상이 깔려 있는 것이 아닌가 하는 느낌이 든다. 고대 동양에서는 우주 천지간의 모든 사물과 인사는 음(陰)과 양(陽)의 두 기운이 대립·조화·발전함에 따라 규율되는 것으로 보았기 때문이다. 아니면 농업이나 어업을 주로 하는 사회에서 달빛의 영향이 햇빛에 버금할 만큼 실제 생활에 중요하였기 때문일까.

역법의 발전은 천문 현상을 오랜 세월에 걸쳐 꾸준히 관찰해 온 결과이지 결코 하루아침에 이루어진 일이 아니다. 19년 1장(章) 및 76년 1부(蔀) 등의 주기, 19년 7윤법, 세차(歲差) 따위를 발견해 낸 일은 물론이요, 연대월(連大月)을 배치하는 문제, 정삭법(定朔法)·정기법(定氣法)을 채택한 일 등은 모두 천문 현상에 대한 수백 년 내지 수천 년에 걸친 관측 결과를 바탕으로 얻어진 성과들인 것이다. 여기에서 재삼 문자와 기록의 중요성을 깨닫게 된다.

(3) 채침의 주석에 대한 비판

『서경』「요전」의 '기삼백(朞三百)'에 대한 채침(蔡沈)의 주석 내용은 선진 사분력의 수준을 넘지 않은 것으로 보인다. 그 까닭은 다음의 각 항목에서 보는 바와 같이, 그의 주석은 사분력의 내용을 그대로 답습하고 있기 때문이다.

∘ 주천도수는 $365\frac{1}{4}$도이다. (1년 동안 해가 운행하는 도수)
∘ 1태양년의 길이는 $365\frac{1}{4}$일이다.

(해의 1일 운행 도수는 항성에 대해 1도이다.)

◦ 1삭망월의 길이는 $29\frac{499}{940}$일이다.

(달의 1일 운행 도수는 해에 대해 $12\frac{7}{19}$도이다.)

◦ 1태음년의 길이는 12삭망월 $354\frac{348}{940}$일이다.

(1년 동안 달이 운행하는 도수)

◦ 1세의 윤율은 $10\frac{827}{940}$일이다.

◦ 19년을 1장(章)으로 삼아 7회의 윤달을 둔다. (19년 7윤법)

이상은 사분력의 내용과 완전히 동일하다. 그런가 하면, 「채전(蔡傳)」은 사분력의 부법(蔀法) 이상에 대해서는 언급을 하지 않았다. 이 밖에 태음태양력의 주요 요소라고 할 수 있는 달의 대·소를 정하는 방법-평삭법과 정삭법의 문제-, 연대월을 넣는 문제, 24절기를 배치하는 방법-평기법과 정기법의 문제-, 중기가 없는 달에 윤달을 둔다는 원칙, 1태양년의 길이에 세차(歲差)를 반영하는 문제 등에 대해서도 일절 말이 없다. 말하자면 「채전」은 사분력에 대한 정보만을 제공하였으되, 그것도 최소한으로만 제공한 셈이다. 이는 역설적으로 말하면 사분력의 우수성을 간접적으로 증명하는 것이라고 할 수도 있을 것이다.-진(秦)·한(漢) 이래로 많은 개력(改曆)이 있었지만, 큰 테두리 안에서 보면 사분력의 체계를 벗어난 근본적인 변동은 없었다고 할 수 있다.-

그러면 채침은 '기삼백(朞三百)'에 대해 왜 이 정도의 수준에서 해설하고 말았을까? 주자와 그 제자들이 문답한 내용을 적어둔 『주자어류(朱子語類)』의 관련 부분을 보면, 채침의 주석에는 언급되지 않은 사항들이 많이 실려 있다. 그것은 혹 오늘날의 시각으로 보면 우스운 내용도 있지만, 사분력의 수준을 뛰어넘는 것도 있으며, 그 당시까지 쌓인 최신의 학설도 더러 보인다.

예컨대, 항성(恒星)－경성(經星)－은 좌선(左旋)하고 행성(行星)－위성(緯星)－은 우선(右旋)하는 것이 아닌가 하는 논란, 달은 원래 둥글며 햇빛을 받아서 빛이 난다는 설, 일식과 월식에 관한 견해, 음력의 대·소월을 추산하는 방법, 무중월에 윤달을 둔다는 원칙 등도 이야기하고 있다.10) 그리고 채침의 가계를 보더라도 그는, 주자의 문하에서 주자로부터 제자가 아닌 친구의 대우를 받은 대학자 채원정(蔡元定)의 아들이다. 채원정은 가학을 이어받은 위에 주자를 종유(從遊)하여 학문을 대성하였는데, 특히 천문(天文)·지리(地理)·악률(樂律)·역수(曆數)·병진(兵陣) 등의 분야에도 조예가 깊었다. 채침이 그의 부친과 스승인 주자의 유지를 받들어『서경집전(書經集傳)』을 지은 것은 이미 잘 알려진 사실이다.11) 이처럼 문헌이나 주위의 환경 등을 고려해보면, 채침도 천문·역법에 대해 최고 수준의 견문과 지식을 가지고 있었을 것이란 점을 쉽게 추측해 볼 수 있다.－더구나 '무중치윤법'은 전한(前漢) 때 확립되었고, 세차는 남조(南朝) 때 역에 반영되었으며, 달의 대·소를 정하는 데 관한 정삭법은 초당(初唐) 때 도입되었다는 사실 등을 각각 감안한다면, 이러한 제반 문제들은 채침의 생존 당시에 상당한 식견을 갖춘 학자들에게는 이미 공지의 사실에 속하는 사안이었을 것으로 보인다.－ 그럼에도 불구하고 채침이 '기삼백'에 대해『서경집전』에서 해설해 놓은 수준에 그치고 만 이유는, 그 당시의 일반 유학자(儒學者)들을 위해서는 그들이 갖추어야 할 천문·역법에 관한 최소한의 기초 상식 정도만 제공하면 충분하다고 여겼기 때문이라 짐작된다. 다시 말해 그 이상의 전문적인 내용은 천문학(天文學)과 역

---

10) 『朱子語類』, 卷2,「理氣下」참조.
11) 『송사(宋史)』권434,『송원학안(宋元學案7』권62·권67 각 참조.

학(曆學) 또는 산학(算學)을 전문으로 담당할 사람들의 몫으로
남겨 둔 것으로 생각된다.

(4) 태음태양력의 의의(意義)

중국에서는 1911년의 신해혁명(辛亥革命) 이후 일단 서양의
태양력을 채용하기는 하였지만, 그러나 전래의 음력 즉 태음태
양력도 지금까지 함께 사용해 오고 있다. 이는 수천 년의 역사
를 지닌 음력이 이미 중국인들의 생활 속이 깊숙이 배어 있어
서 하루아침에 내버릴 수가 없어서일 것이다.

이러한 사정은 우리나라에서도 비슷하다고 생각된다. 우리나
라는 예로부터 중국의 역법을 이어받아 전통적으로 태음태양력
을 써 오다가 1896년부터 비로소 태양력을 쓰기 시작하였다. 그
러나 설·추석은 물론, 기타 이름 있는 명절이나 잡절은 100여
년이 지난 아직까지도 음력을 따라 지내고 있는 실정이다.

오늘날 대부분의 사람들은 산업화된 사회에 살면서 별을 쳐
다볼 일도 없고 달을 쳐다볼 일도 없이 지낸다. 그러나 달이 존
재하는 한 우리는 달의 영향도 받으면서 살 수밖에 없다. 달의
공전주기 즉 달과 해의 회합주기에 따라, 지상에서는 달빛을 많
고 적게 받는 외에 달로부터 여러 가지 직접 간접의 영향을 받
게 된다. 그 가깝고도 현저한 예로는 달의 인력에 의한 조수(潮
水)의 간만(干滿)이나 여성(女性)의 주기적인 생리 현상(生理現
象) 등을 들 수 있다.-대개 매달 한 번씩 치르게 되는 여성의 생리 현상을
'달거리'라 이르는데, 이는 곧 '월경(月經)'의 순우리말로서 '달마다 겪는다'는

뜻을 표현하는 말로 이해된다.- 또한 동양의학의 고전인 『황제내경소
문(黃帝內經素問)』에서는 달의 영허(盈虛)에 따른 인체(人體)의
허실(虛實) 반응 관계를 다음과 같이 파악하면서 환자를 치료할
경우에도 때에 따라 각각 그 방법을 달리해야 함을 기술하고
있는데, 이는 오늘날에도 우리의 주의를 끌기에 충분한 의미를
지닌 지적이라 하겠다.

> "달이 처음 나오면〔초생달이 생기면〕, 혈기(血氣)가 비로소
> 순정(純精)해지고 위기(衛氣)가 유행(流行)하기 시작한다. 달의 윤
> 곽이 꽉 차면〔보름달이 되면〕, 혈기가 충실해지고 피부와 살이
> 단단해진다. 달의 윤곽이 텅 비면〔그믐달이 되면〕, 피부와 살이
> 감소되고 경락(經絡)이 허(虛)하게 되며 위기(衛氣)가 사라지게
> 되어 단지 형해(形骸)만 남게 된다. 그러므로 날씨와 계절에 따라
> 혈기를 조절해야 한다. 그러므로 날씨가 한냉(寒冷)할 때는 침을
> 놓지 말고, 날씨가 온난(溫暖)할 때는 의심하지 말라. 초생달일
> 때는 사법(瀉法)을 쓰지 말고, 보름달일 때는 보법(補法)을 쓰지
> 말며, 그믐달일 때는 치료를 하지 말 일이니, 이를 일러 '때에 맞
> 추어 조리(調理)한다'고 말하는 것이다."[12]

오늘날 음력의 필요성을 얼마나 많은 사람들이 느낄지는 의
문이지만, 해와 달이 존재하는 한 태음태양력도 존재할 수밖에
없을 것이다. 그러나 그것은 구성 체계가 워낙 복잡하고 정교할
뿐만 아니라 천체의 운행에 대한 실측도 병행되어야 제작이 가
능하므로, 일반인으로서는 태음태양력을 직접 만들기가 거의 불

---

12) 『黃帝內經素問』卷八 「八正神明論」: "月始生, 則血氣始精, 衛氣始行,
　　　月郭滿, 則血氣實, 肌肉堅, 月郭空, 則肌肉減, 經絡虛, 衛氣去, 形獨
　　　居. 是以因天時而調血氣也. 是以天寒無刺, 天溫無疑, 月生無寫, 月滿
　　　無補, 月郭空無治, 是謂得時而調之."

가능하다. 비록 그러하기는 하나, 그 기본 원리를 이해하는 것
도 온고지신(溫故知新)하는 데 의의가 없지는 않을 것이다. 그리
하여 여기에서는 해·달·별의 운행과 역법에 대해 그 편린(片
鱗)이나마 살펴보았다. 단, 일식과 월식 현상을 역에 나타내 주
는 것은 중국력(中國曆)의 전통이지만, 여기서는 태음태양력의
기본 원리에 초점을 맞추느라 일·월식의 문제를 생략하였다.

참고 문헌

◦ 『書傳大全』(明 胡廣 等 撰), 內閣本, 保景文化社 影印, 1986, 서울.

◦ 『書傳(附諺解)』, 內閣藏板, 學民文化社 影印, 1990, 서울.

◦ 『書經大全』(明 胡廣 等 撰), 文淵閣 四庫全書 本, 臺灣商務印書館, 1986, 臺北.

◦ 『書經集傳』(宋 蔡沈 撰), 文淵閣 四庫全書 本, 臺灣商務印書館, 1986, 臺北.

◦ 『書蔡氏傳旁通』(元 陳師凱 撰), 文淵閣 四庫全書 本, 臺灣商務印書館, 1986, 臺北.

◦ 『尙書注疏』, 文淵閣 四庫全書 本, 臺灣商務印書館, 1986, 臺北.

◦ 『尙書正義』, 北京大學出版社, 1999, 北京.

◦ 『周易注疏』, 文淵閣 四庫全書 本, 臺灣商務印書館, 1986, 臺北.

◦ 『周易正義』, 北京大學出版社, 1999, 北京.

◦ 『毛詩正義』, 北京大學出版社, 1999, 北京.

◦ 『周禮注疏』, 北京大學出版社, 1999, 北京.

◦ 『禮記正義』, 北京大學出版社, 1999, 北京.

◦ 『春秋左傳正義』, 北京大學出版社, 1999, 北京.

◦ 『爾雅注疏』, 北京大學出版社, 1999, 北京.

◦ 『史記』, 宏業書局, 1983, 臺北.

◦ 『漢書』, 宏業書局, 1984, 臺北.

◦ 『後漢書』, 文淵閣 四庫全書 本, 臺灣商務印書館, 1986, 臺北.

◦ 『晉書』, 文淵閣 四庫全書 本, 臺灣商務印書館, 1986, 臺北.

◦ 『隋書』, 文淵閣 四庫全書 本, 臺灣商務印書館, 1986, 臺北.

◦ 『淸史稿』, 中華書局, 1998, 北京.

◦ 『周髀算經』, 文淵閣 四庫全書 本, 臺灣商務印書館, 1986, 臺北.

◦ 『黃帝內經素問』, 文淵閣 四庫全書 本, 臺灣商務印書館, 1986, 臺北.

◦ 『朱子語類』, 文津出版社, 1986, 臺北.

◦ 『大衍索隱』(宋 丁易東 撰), 文淵閣 四庫全書 本, 臺灣商務印書館, 1986, 臺北.

◦ 『文公易說』(宋 朱鑑 撰), 文淵閣 四庫全書 本, 臺灣商務印書館, 1986, 臺北.

◦ 『經說』(宋 熊朋來 撰), 文淵閣 四庫全書 本, 臺灣商務印書館, 1986, 臺北.

◦ 『夢溪筆談』(宋 沈括 撰), 文淵閣 四庫全書 本, 臺灣商務印書館, 1986, 臺北.

◦ 『管窺外篇』(元 史伯璿 撰), 文淵閣 四庫全書 本, 臺灣商務印書館, 1986, 臺北.

◦ 『圖書編』(明 章潢 撰), 文淵閣 四庫全書 本, 臺灣商務印書館, 1986, 臺北.

◦ 『稗編』(明 唐順之 撰), 文淵閣 四庫全書 本, 臺灣商務印書館, 1986, 臺北.

◦ 『曆算全書』(淸 梅文鼎 撰), 文淵閣 四庫全書 本, 臺灣商務印書館, 1986, 臺北.

◦ 『陔餘叢考』(淸 趙翼 撰), 世界書局, 1990, 臺北.

◦ 『星湖全集』(李瀷 撰), 民族文化推進會, 1997, 서울.

◦ 『理藪新編』(黃胤錫 撰), 亞細亞文化社, 1975, 서울.

◦ 『五洲衍文長箋散稿』(李圭景 撰), 明文堂, 1982, 서울.

◦ 玄正晙 著, 『별·은하·우주』, 전파과학사, 1978, 서울.

◦ 이시우·안병호 共著, 『태양계 천문학』, 서울대 출판부, 1997, 서울.

◦ 趙慶哲 著, 『現代天文學』(上), 大光文化社, 1989, 서울.

◦ 李殷晟 著, 『韓國의 冊曆』(上·下), 전파과학사, 1973, 서울.

◦ 李殷晟 著, 『曆法의 原理分析』, 정음사, 1985, 서울.

◦ 藪內淸 著, 兪景老 譯編, 『中國의 天文學』, 전파과학사, 1985, 서울.

◦ 山崎昭·久保良雄 著, 오동훈 옮김, 『세월, 과학으로 읽기』, 아카데미

서적, 2000, 서울.

◦ 마이클 자일릭, 스티븐 A. 그레고리, 엘스케 P 스미스 공저, 兪景老・玄正晙・尹鴻植・李時雨・洪承樹・李相珏・崔勝彦 번역,『천문학 및 천체물리학 서론(Introductory Astronomy and Astrophysiscs)』, 대한교과서주식회사, 1997, 서울.

◦ 磯部琇三 지음, 김재영 옮김,『180억 광년의 여행』, 아카데미서적, 1999, 서울.

◦ 陳遵嬀 著,『中國天文學史』, 文明書局, 1984, 臺北.

◦ 文明書局 編輯部 編,『中國天文史話』, 文明書局, 1995, 臺北.

◦ 劉君燦 編著,『中國天文學史新探』, 文明書局, 1988, 臺北.

◦ 王力 著,『古代漢語』, 中華書局, 1999, 北京.

◦ 梁宗巨 著,『數學歷史典故』, 遼寧教育出版社, 2000, 沈陽.

◦ 李錫浩 譯,『東國歲時記(外)』(을유문고 25), 을유문화사, 1973, 서울.

◦ 李殷晟 著,『日較陰陽曆』, 세종대왕기념사업회, 1983, 서울.

◦ 金于齋 編著,『正統 萬歲曆』, 明文堂, 1987, 서울.

◦ 天文臺 편찬,『1996년 曆書』, 동양문화사, 1995, 서울.

◦ 한국천문연구원 편찬,『역서 2003』, 남산당, 2002, 서울.

◦ 한국천문연구원 편찬,『2008 역서』, 남산당, 2007, 서울.

◦ 한국민족문화연구원 엮음,『우리나라 만세력』, 동학사, 2001, 서울.

◦ 한국민족문화연구원 엮음,『표준 만세력』, 계백, 2001, 서울.

◦ 한국민족문화연구원 엮음,『5000년 CD萬歲曆』, 동학사, 2001, 서울.

◦ John Cox, "POCKET STAR ATLAS" 3rd edition, reprinted by George Philip Ltd., 2000, Hong Kong.

◦ 天文年鑑編集委員會,『天文年鑑 2008年版』, 誠文堂新光社, 2007, 東京.

◦ 金東錫,「『書經』'朞三百'의 理解를 위한 天文・曆法 小考」,『民族文化』第26輯, 민족문화추진회, 2003.

부록(附錄)

1. 『書傳大全·堯典』의 "朞三百"條 影印本

―底本 : 學民文化社 1990년 간행 『書傳(附諺解)』―

書傳一卷

帝曰咨汝羲暨和朞三百有六旬有六日以閏
月定四時成歲允釐百工庶績咸熙
咨嗟也嗟嘆而告之也暨及也朞猶周也允
信釐治工官庶眾績功咸皆熙廣也天體至
圓周圍三百六十五度四分度之一繞地左
旋常一日一周而過一度日麗天而少遲故
日行一日亦繞地一周而在天為不及一度

春夏和掌秋冬故言分又就羲之內和之
內重分之既命其仲復命其叔故言申令羲
日命四時之官仲明天時以授入而其要在於度
日景日晷之驗初昏中星以定二分二至而巳
蓋分至定則四時
之節候皆不差矣

八七

積三百六十五日九百四十分日之二百三
十五兩與天會是一歲日行之數也月麗天
而尤遲一日常不及天十三度十九分度之
七積二十九日九百四十分日之四百九十
九兩與日會十二會得全日三百四十八餘
分之積又五千九百八十八如日法九百四
十兩一得六不盡三百四十八通計得日三
百五十四九百四十分日之三百四十八是
一歲月行之數也歲有十二月月有三十日
三百六十者一歲之常數也故日與天會而

多五日九百四十分日之二百三十五者爲

氣盈月與日會而少五日九百四十分日之

五百九十二者爲朔虛合氣盈朔虛而閏生

焉故一歲閏率則十日九百四十分日之

百二十七三歲一閏則三十二日九百四十

分日之六百單一五歲再閏則五十四日九

百四十分日之三百七十五十有九歲七閏

則氣朔分齊是爲一章也故三年而不置閏

則春之一月入于夏兩時漸不定矣子之一

月入于丑兩歲漸不成矣積之之久至於三

失閏則春皆入夏兩時全不定矣十二失閏

子皆入丑歲金不成矣其名實乖戾寒暑反

易農桑庶務皆失其時故必以此餘日置閏

月於其間然後四時不差而歲功得成以此

信治百官而衆功皆廣也

朱子曰天道左旋但

天行健日一日一夜兩周常差過十一三度日月有奇違

天兩行退日一是一日退過一度

月計六日為朔虛○以朞三百所以置閏

三百六十日餘了

周天三百六十五度四分度之一每歲又除小有奇

六日為朔虛○以朞三百有六旬有六日為氣盈兩所少

一歲者積朔空餘分以為一閏

朔空者六小月也餘分者五日四分日之一為閏

去也○如何只是天行得過處為度天之度甚蹙便入

自熱之度退慶日月會為辰旋○問周天之行度一是

是日之度是強分日日天為左旋○一晝一夜一行慶一將

南北表看今星又恁時看這日星五星又恁時看時或有甚方是一星一星在表一表

日恁時看今日星五一日皆差遠天旋起天道是一星在表周天

常道過與一日月度不令及人一度云月行不速及日行十度此月之

九分也○伯曆家以曆家天旋一日是日說一日說其易則見不日及是一

度說爾○但度之七不今右旋為日月行其周日行不周其著以為限若

以天一日為一周天過則四時也中星把如何不是若以為限若

日一天過如何日不及一度歲把一甚麼則趲節做趲去將若

次午時便打三更及更行一度兩慶月日令此疏指其

中說早晚不同及更行一度兩禮記月令若就得其

甚分明其他書都不如此說而今分度之天

裏看時只是行曆得三百六十五度四分度之天

常有言論天日月裏在則是一日過了一度

若把天外來說則是一日過了一度又在大虛空又不

在舊去處謂如今看在那裏一自是又不空

在舊時處謂如今日在那裏一霎自是明日日月自袞

衮時處謂又今從天角起無體又不

只動一十八宿子便不是體且如一周了皆只在

亦從天行便則與日會了又過一角些子日依舊累上在

上天行則如一周日了又過天角些子日旋自西而上去則角

月一年四分一日夜之行周一甚健又橫渠說天道左旋日月皆是左旋而

得度好蓋天之行如一夜一周日月行三百六十五度日月行速健之次五

天四一分一日夜之行進一三百六度夜日周行三百六

正恰好被一日夜天之行進一度則積至三百六恰與周天會本

進二度則一日則為天所退二度進過之度又恰六與周天得一會本

四分日之退之退亦所進退過之度又恰六十

數兩成一日所退謂之一度亦進退盡月本裏

兩成一年所是謂之一年亦恰一周天盡月行遲逐一日

夜行三百年六十五是謂一度年一周天盡月行遲逐一與天

天為退了十三度有奇至二十九日半強恰

與日相值在恰好處是謂兩月曆一家周天進數

為順天而兩月曆一家以天進數

難筭只以左退數筭之故此云天行左月

一月月右行行之十三度家有奇筭此云日月

五星度右行之十三度實非右行乃退之右度行且日

○璣衡其星中左者旋之星順緯少遲則反日月右右旋

諸家載蕤之說說極是渠只說恐人不曉所以詩傳

一小輪載說日或問日月在内亦大易見輪轉急以一大輪轉緩

皆是舊轉說則有曆家逆有慢便著改作順似右

如著如左改作是正月卻是月遲○又問日是行一如

數度月日著改作正是月行○又問日曆家一度又遲

不又天至十三度有奇如何故日行常少如月及他一度又遲

夜漸漸向東便可見月遲問如此則當一日比

書傳一卷　卅三　　九三

書傳一卷

天行遲了一度，月比天行遲了十三度有奇。

今只以曆家言，故易筭。是聞季通云。

有九分之大小，卻自是一種，每月語便是。○問那曆法云西域物事，

月難之說，大如小月，卻有一順，筭言易便。

四十分日之四百九十九，計之二十九日九百四十，○本月若則得中，日氣在未盈，三歲一內得

氣象○置閏則，如得時，日筭盈，其成一歲足之

曆象○唐氏曰，以四定四分，十日分之一日，之八，六日一歲內舉之

一置象○孔氏曰，日以四定四分，十日分之一日之八，六日二十沈

曆數言歲之十日，實餘一百，正十一度弱也，○八百二毅齋沈

全為歲之，十日九百，正十度進而，與日會以，有百二十沈

一氏日天行遲，每日不過及一日十二度有奇，會以成，退而

閏有一歲定法以成一，歲三者一歲之足日也，歲無定法者

補者三歲之省日，湊為三歲之足日也。○蘇氏

九四

氏曰善有六旬有六日繞地六日有地左旋爲古有又一通周而陳

天少之過過之日而者爲天之左旋東出西入一有日又一周以退

日也月日皆右旋也以此天之不精及焉天左旋日進而適日一一周以退

月之進則爲四時昏旦中而星爲常面不也背而不計天見之其進退而耳但曆家以謂退以

人文公以述之爲橫張音裴首之得其蓋隋書爾積之矣苟不略是理天日

其生每日散斂之進皆於是而爲一一年兩天寒暑故四時更迭代謝初六後

進成初五退之分而日爲之一一年兩天暑四時一日者之氣進退遂始

十五日四分日之一進退一四分度一度之一進退遂

爲一而一周天三百六十五日四分日之一度星

周而一周天三百六十遂爲三百四分

辰之遠近之凡天之數與東西南北縱橫參伍其與夫星度爲星度夫星

度馬度數也則其去之月與五星之行皆以其度爲星度夫星

成天日東西行其周布本無東西而與縱橫南北此

書傳一卷

皆以其度為數，非其見度也。者數之本，日數既定而

在天在地無非其度也。者月行遲，常以數既定而

日千一十九，六分四十三，百二十二，百七十，而與天會二十七

二日七會，一日有奇，而周周天者，又以之二十七日有

二與十日，七會日，日有奇，而周天者，又以二十七而與其日實

會周天日之度，之交而以為月，日月會二十九日

不而周天日之度，於日，而與日月會，蓋未詳也，有其奇日

則其及兩與天，日之倍此多也，所餘以倍

歲一周年，月之天，十以三會，月與周之日，十日二一年，其與天一倍

月一周年而用為，故古今少於氣道之天以日

者無所用而用為歲功，月於氣無與日，故其與天，故日會

與天會日，行無日月用，每三十餘會而一者，紀兩閏之中

氣之行無日，月每三十餘以會，氣無與日，故其與天中

謂乎五十六，晦朔弦望為晦，而朔弦望追之則漸

違達而氣，常以晦朔弦望之為晦，而月一會，以望十九日半

暫達而常扳，晦朔弦之為晦，月一會閏，十九日則半

有奇二氣之日，常在其日內，每三十餘會則中

氣氣必出一會之中者入冊會之初而其月惟一用

半月起後之月用之望堂前無久終前及望日起

之也人則日有餘裕兩月則堂前農桑之違終而前月望日失

後而人與天常不裕相違矣十九年七候常不失日

序而人與日天有餘故為一章也○金氏曰十九年氣盈平等不雨不驚

無月少不及三十五故為一會與天日一十九氣盈而春夏

置閏則晦盈朔弦望差閏差則立春而為不正月閏氣盈而等

蟄不為朔當晦朔弦望安得合朔虛為初一月十五為只以三

朔不為朔晦朔隨節氣合而初為一月累則只以八二當

十三月二春三箇月為乎朔虛又兩而為箇失三閏月

箇十二為之春三箇月為一歲累兩皆然十三箇月只以三

秋冬非隨秋夏不熱冬不寒歲累經累三皆十然而春則秋為

後氣盈亦三十三箇月即及一月內大便合多置閏過前數而

閏三十四箇月者亦有之大月所以消其及盈數亦

閏三十二箇月者亦有之閏所以消其及盈而

書傳一卷

九七

氣息其差虛也大略經內無中氣者兩為閏焉。○傳富新

度安陳氏曰四分度之一四分中之一分周天歲全度其零

分外其五即四分中一之九分為月之一日分其所謂天二百三四

百十三度零有奇是十三又日弱也與度有奇積不及天二百六十九

十九十分是為一時月十三分九日弱也會得積者法算得

時三刻實千六百二十四十九日該六分之兩得以百

八乃五十千六百一尚有三百四十歲通三百四單六一歲

六日日加六零日者尚有三通十九餘年通得二十

之八其也十一歲有通三百四十置七之閏數也所以每十

小歲置七之閏月所以每十九年或得二十

須同日者一番也然一歲只有三百五十四

日朔而經云者朞三百有六旬有六日何也此一

書傳一卷

大要天行最健而日行速日月五星不相及耳然

天而行也而日天左旋日月五星不相及耳然

非堯言也○因董氏鼎日日月羲乎右轉宜治皆隨

乃史紀元運於治曆明時兩致正官立熙治績之力

統十九年三○統為一統八十七章績二年章

十法三年三○會無為一元○元

妙者參合而林氏為一日二十七一章一千五百三

三者參合而不相悖交因此有餘茲其為萬世會不能易之間

行兩不相悖交因此有餘茲其為萬世會不能易之間

盈而虛節何氣二朔之氣有必三十日溢一日盡添二時不足而置閏於

朔虛而虛節何氣二朔虛之氣虧盈也溢十日朔無十二時五刻全非小

盡者此五刻朔虛之氣虧盈之數也溢十日朔無十二時五刻全非小

二十四氣為一合數二十有三氣十日三百六十時十五刻始交

後二月節為一氣合二十有三氣該三百二十六時十五刻交

一刻二十五刻全一月而言故曰三百六旬有六日當

十四氣全之數並有三百六十五日零二十五刻二

歲大歲之數也蓋今年立春到明年立春二

二十八宿亦星也何以與天並行而日月五

星獨不能並行也朱子曰天無體二十八宿五

便星是猶機絲之有經行即天不行也是以日月五

經星是體機絲之二十八宿之有經之一行忘兩不行則皆順

天而成造化也故以自分晝夜兩兩不動是以觀列

星緯乎其中二十八宿之有經之一行忘兩時無

則東升西沒五星獨繞地以左旋自天為逆度而四考其次轉舍

由其行不及天退而漸兩東為逆天而右轉舍

行未嘗不進也天退日則未麗嘗天以未退然兩

蔡氏書傳朱子引之橫左渠旋日則未嘗不舍於兩

錄中載日月星辰亦左左旋旋天此洞見天道之中者順語也

乾地面而順觀之也詩論語或問曰經星隨天周天畫

一三百六十五度其行一周而又過一度左日月皆右行

九於天則分一晝一夜則占日行月之躔次於十三度兩十

逆取之也儒家論天道則皆順而左旋曆家

考天度則曰月五星逆而右轉然其次舍自地

面觀其趍向則左旋自天度考之雖成右轉

旋右轉之雖書異而語錄同矣又按論語或問之乃說朱左

子未定之書而寶中又謂日月左旋之或問之乃說

恐有疑兩○陳氏故詩傳中只載舊說則蔡傳亦無

可氣朔之歲有餘不足而不可置無使以歸之則月與日

行不定之入時之所不是而不可置閏使天與之則月時

且手然則且不成閏之有條於天示時人事如此治曆

者庸可不盡心哉

帝曰疇咨若時登庸放齊曰胤子朱啟明帝曰

吁嚚訟可乎

此下至絲績用弗成皆爲禪舜張本也疇誰

書傳一卷

2. 주요 용어 색인

저자 김동석(金東錫)

▌약력

성균관대학교 법률학과 졸업.
동 유학대학원 석사과정 수료(문학석사).
태동고전연구소(임창순)·유도회(홍찬유) 등에서 한학 수학.
민족문화추진회(현 한국고전번역원, 이하 같음) 국역연수원 수료.
국사편찬위원회 연수과정 수료(초서 전공).
민족문화추진회 국역실 전문위원 역임.
한국학중앙연구원 한국학대학원 박사과정 수료(고문헌관리학 전공).
현재 한국학중앙연구원 장서각 국학자료조사실 연구원.

▌주요 논문 및 저서

논문
「朝鮮初期 士林派의 道學思想과 <小學>에 關한 硏究」(석사학위 논문).
「葉作(엽질)에 관한 一考察」, 『藏書閣』 14, 한국학중앙연구원, 2005. 12.
「朝鮮時代 科體詩의 程式 考察」, 『大東漢文學』 28, 大東漢文學會, 2008. 06.

번역서
『儒胥必知』, (주)사계절, 2006. 07.(5인 공역)
『홍원천봉등록(興園遷奉謄錄)』, 서울역사박물관, 2006. 12.
『위정집(葳汀集)』, 국립민속박물관, 2007. 08.

탈초 및 번역서
『하늘이 내린 재상, 류성룡』, 국립중앙박물관. 2007. 05.
『우암 송시열』, 국립청주박물관. 2007. 10.
『海隱日錄 2』, 부산근대역사관, 2009. 02.
『반곡 이덕성, 강명과 풍력의 선비』, 부산박물관, 2009. 02.
『절의를 숭상하고 충정에 뜻을 두다(무안박씨 무의공후손가)』- 명가의 고문서 7-, 한국학중앙연구원, 2009. 03.

탈초서
『한국간찰자료선집』 11(慶州李氏 華谷 李慶億 後孫家篇), 한국학중앙연구원, 2007. 10.
『한국의 사찰문화재-경상북도 2』, 문화재청·불교문화재연구소, 2008. 06.
『한국의 사찰문화재-경상남도 1』, 문화재청·불교문화재연구소, 2009. 04.

표점 및 교감서
『五洲衍文長箋散稿』(Web Service Version), 민족문화추진회.
『晋州柳氏 西陂柳僖全書』 Ⅰ(한국학자료총서 38), 한국학중앙연구원, 2007. 12.

삽화 정두희(鄭斗凘) ────────────────────────

▌약 력

서울대학교 동양화과 졸업.

동 대학원 박사과정 수료.

동화『푸나무서리 고양이들』(김민서 저, 도리출판사, 2003) 삽화.

2003 MBC 한글날특집 <한글, 위대한 문자의 탄생>, 동양화 원화 공동 제작.

2007 MBC 드라마 <이산>, 동양화 원화 공동 제작.

현재 정재문화재보존연구소 객원연구원.

고전 천문역법 정해
古典 天文曆法 精解

초판인쇄 | 2009년 12월 21일
초판발행 | 2009년 12월 21일

지은이 | 김동석(金東錫)
펴낸이 | 채종준
펴낸곳 | 한국학술정보㈜
주 소 | 경기도 파주시 교하읍 문발리 파주출판문화정보산업단지 513-5
전 화 | 031) 908-3181(대표)
팩 스 | 031) 908-3189
홈페이지 | http://www.kstudy.com
E-mail | 출판사업부 publish@kstudy.com
등 록 | 제일산-115호(2000. 6. 19)

ISBN   978-89-268-0525-1 93150 (Paper Book)
       978-89-268-0526-8 98150 (e-Book)